dt

Zehn fesselnde Kurzgeschichten eines modernen Meister-Erzählers, in italienisch-deutschem Paralleldruck.

Mit welcher anfangen?

Vielleicht am besten mit der ersten Geschichte, der Quiz-Veranstaltung? – Oder mit den Möchtegern-Fußballmeistern vom SC Valcorta? – Das sind zwei klassisch unheimliche Erzählungen, ausgehend von modernen Geschehnissen, mit glimpflichem Ausgang.

Klassisch unheimlich ist auch das moderne Märchen von der verhexten Jacke, mit bedenklichem Ausgang.

Aus dem Leben gegriffen ist der kleine Tyrann. Man kann diese Geschichte einfach als Satire oder Groteske lesen. Aber man kann auch denken, dass der verwöhnte Junge uns Hätschelkinder der Weltwirtschaft repräsentiert.

Fortgeschrittene Leser, die Parabeln, Gleichnisse, Symbole verstehen, können auch gleich die Geschichten vom Alten Warzenschwein, vom Colombre und von den Sieben Boten lesen. Was ist einem Tier vorherbestimmt? Was einem Menschen? Und was ist jenseits der Zeit? – Oder die Geschichte von dem rätselhaften Geschehen außerhalb des Zuges, in dem wir reisen? Was ist dort, wo wir ankommen? Nichts? Diese vier Geschichten sind einigermaßen abgründig!

Ein menschenfreundliches Gegengewicht ist die Geschichte von der Demut: erwärmende, erweiternde Frömmigkeit.

Und dann Auf dem Mond: eine Option, wie mit leerem Raum, mit Abgründen vielleicht zurechtzukommen wäre (zugleich ein kühner theologischer Entwurf).

Zehn fesselnde Geschichten eines italienischen Meister-Erzählers der fünfziger und sechziger Jahre, den man zu den modernen Klassikern zählen darf.

Lascia o raddoppia. Racconti
Aufgeben oder verdoppeln. Erzählungen

Übersetzung von Rita Seuß

Deutscher Taschenbuch Verlag

dtv zweisprachig · Edition Langewiesche-Brandt
herausgegeben von Kristof Wachinger

Neuübersetzung
Die beiden ersten Erzählungen und die letzte waren in einer früheren Auswahl Buzzati-Erzählungen in der Reihe dtv zweisprachig erschienen, übersetzt von Ingrid Parigi unter Mitarbeit von Gerhard Kirsten. Diese Übersetzung liegt der vorliegenden Fassung zugrunde.

1. Auflage Dezember 2002

www.dtv.de
Umschlagkonzept: Balk & Brumshagen
Umschlagbild: «Natura morta» von Giorgio Morandi (1890–1964)

Satz: Greiner & Reichel, Köln
Druck und Bindearbeiten: Kösel, Kempten
Gedruckt auf säurefreiem, chlorfrei qebleichtem Papier
ISBN 3-423-09421-4. Printed in Germany

Inhalt

Lascia o raddoppia

Dopo gli applausi, le congratulazioni, le interviste, le fotografie, la bicchierata in un caffè del centro con un gruppo di improvvisati amici e ammiratori, il contabile ragionier Claudio Navarra di trentadue anni da Faenza, vincitore di cinque milioni al telequiz quale esperto di mineralogia si ritrovò finalmente solo. Era stanco, felice e un po' ubriaco. Il mondo intero ormai gli apparteneva. Cinque milioni a lui che, straordinari compresi, arrivava sì e no a 90 mila lire al mese! Progetti meravigliosi e nuovi da romanzo si accavallavano in una specie di dolce delirio.

La voce dell'annunciatore gli risuonava ancora nelle orecchie: «Ed ecco, Signor Navarra, l'ultima domanda: Cos'è la Bazzite? Dove si trova?» E ripensava: «Però con che stile ho risposto. Quanto li avrò fatto aspettare? Un minuto e un quarto almeno. E potevo rispondere anche subito, non lasciare a lui neanche il tempo di terminare la domanda. Ma io no. Io ho voluto assaporare quella sicurezza deliziosa. Da gran signore mi sono comportato. Ah, tutte quelle facce concentrate ansiosamente su di me. Ce la farà? Non ce la farà? Chissà che cosa pensavano. Mi davano per spacciato, oramai. Comme me le gustavo quelle bocche aperte, quegli occhi accesi, quelle espressioni spiritate. E io aspettavo. Io sapevo, io avevo vinto, la memoria non poteva più tradirmi. Ah, uno dai nervi deboli non avrebbe resistito. Io sì. Io ho saputo dominarmi. Cribbio se ho recitato bene, fino all'ultimo li ho tenuti sospesi, col cuore in gola, e poi d'un

Aufgeben oder verdoppeln

Nach dem Applaus und den Glückwünschen, den Interviews, den Blitzlichtgewittern und dem Umtrunk in einem Café im Stadtzentrum mit einer Gruppe frisch erworbener Freunde und Bewunderer war der zweiunddreißigjährige Buchhalter Claudio Navarra aus Faenza, Gewinner von fünf Millionen im Fernsehquiz als Experte für Mineralogie, endlich allein. Er war müde, glücklich und ein wenig berauscht. Die ganze Welt gehörte jetzt ihm. Fünf Millionen für einen wie ihn, der es bisher, Überstunden eingerechnet, auf höchstens neunzigtausend Lire im Monat gebracht hatte! Wundervolle, romantische neue Pläne überfielen ihn in einer Art süßem Delirium.

Die Stimme des Ansagers klang ihm noch in den Ohren. «Und nun, Herr Navarra, die letzte Frage: Was ist Bauxit? Und wo findet man ihn?» Er dachte noch einmal zurück: «Meine Antwort hatte wirklich Klasse. Wie lange habe ich sie wohl warten lassen? Eineinviertel Minuten mindestens. Und dabei hätte ich sofort antworten können, noch bevor der Ansager die Frage zu Ende gebracht hatte. Aber ich wollte nicht. Ich wollte diese beglückende Sicherheit auskosten. Wie ein Gentleman habe ich mich benommen. Ach, all diese voll Spannung auf mich gerichteten Blicke! Wird er es schaffen? Wird er es nicht schaffen? Wer weiß, was sie dachten. Sie gaben mich schon verloren. Wie ich das genoss: die offenen Münder, die glänzenden Augen, die erregten Gesichter. Und ich wartete. Ich wusste, ich hatte gewonnen, mein Gedächtnis konnte mich nicht mehr im Stich lassen. Ja, einer mit schwachen Nerven hätte nicht so lange durchgehalten. Ich schon. Ich konnte mich beherrschen. Wirklich Klasse, mein Auftritt, bis zum letzten Augenblick habe ich sie in Atem gehalten, und dann – zack –

tratto, zac, la risposta esatta, senza un tremito di voce, ben scandita, secca come un colpo di fucile. Silicato di scandio! »

Rimuginando questi pensieri inebrianti, il Navarra si avviava lentamente verso il suo modesto albergo. Ma di colpo – forse a motivo dei rari passanti, che non lo guardavano neppure, forse per il silenzio che a poco si dilatava intorno, forse per la tetra fissità di tutte quelle case dalle finestre spente – ogni letizia scomparve dal suo cuore. Cinque milioni: ma quello ch'era stato, era stato; mai più egli sarebbe salito alla ribalta, mai più quella folla dinanzi, nè il sorriso dell'annunciatrice, nè le facezie dell'annunciatore, mai più quel batticuore, quegli applausi, mai più quel travolgente spasimo, che la gente usa chiamar gloria. Come sempre, il sogno disperatamente, una volta divenuta realtà, si convertiva in cenere. Il grande traguardo era raggiunto; ma domani? Aveva speso solo una parte piccolissima di tutto quello che sapeva. Gli avessero fatto delle domande dieci volte più difficili, sarebbe stato sempre vincitore. Si sentiva forte, fortissimo. Perché dunque gli era negato di procedere? Perché fermarsi? Cinque milioni? Perché non dieci, venti, cento?

« Scusi, il ragionier Navarra? »

Un tipo mingherlino dal naso adunco gli era al fianco e sorrideva insinuante. Voleva un autografo, per caso?

« Sì, sono io. »

« Complimenti, ragioniere, e perdoni, se interrompo la sua passeggiata. Ho l'incarico di trasmetterle un invito. »

« Un invito? »

« Il nostro Club sarebbe onorato di aver ospite

die richtige Antwort, ohne ein Zittern in der Stimme, klar und deutlich, knallhart wie ein Gewehrschuss. Scandiumsilikat.»

Während er diesen berauschenden Erinnerungen nachhing, lenkte Navarra seine Schritte zu seinem bescheidenen Hotel. Aber plötzlich – vielleicht wegen der wenigen Passanten, die ihn nicht einmal anschauten, vielleicht wegen der Stille, die sich nach und nach ausbreitete, vielleicht aber auch wegen der düsteren Starre der Häuser mit ihren dunklen Fenstern – schwand alle Freude aus seinem Herzen. Fünf Millionen – aber was vorbei war, war vorbei. Er würde nie mehr auf dem Podium stehen, nie mehr die Menge vor sich erleben, weder das Lächeln der Ansagerin noch die Witzchen des Ansagers, nie mehr dies Herzklopfen, diesen Applaus, dies überwältigende Gefühl, das die Menschen Ruhm nennen. Wie immer zerfiel der leidenschaftlich gehegte Traum, einmal verwirklicht, zu Asche. Das große Ziel war erreicht, was würde morgen sein? Er hatte nur einen winzigen Teil seines Wissens an den Mann gebracht. Und hätten sie ihm zehnmal schwerere Fragen gestellt, er wäre immer Sieger geblieben. Er fühlte sich stark, sehr stark. Warum war es ihm also verwehrt weiterzumachen? Warum aufhören? Fünf Millionen? Warum nicht zehn, zwanzig, hundert?

«Verzeihung, Herr Buchhalter Navarra?»

Ein schmächtiges Kerlchen mit einer Hakennase stand neben ihm und lächelte gefällig. Wollte der Mann etwa ein Autogramm?

«Ja, der bin ich.»

«Meinen Glückwunsch, Herr Buchhalter, und verzeihen Sie, dass ich Ihren Spaziergang unterbreche. Ich habe den Auftrag, Ihnen eine Einladung zu überbringen.»

«Eine Einladung?»

«Unser Club würde es sich zur Ehre anrechnen, einen

un campione come lei per una seduta di superquiz, domani sera.»

«Come sarebbe a dire?»

«S'intende, signor ragioniere, in forma strettamente riservata... Si tratta di un circolo, come dire, un po' esclusivo, la forza delle circostanze ce lo impone. Non si sarebbe in grado altrimenti, di offrire, a chi le merita, possibilità, insomma sì, diciamo pure, possibilità praticamente senza limiti.»

«E io, cosa dovrei...?»

«Oh, niente, niente. Semplice spettatore, senza nessun impegno. A meno che... Vedrà, vedrà. Piuttosto emozionante. Le voluttà di ‹Lascia o raddoppia›, sì, me lo lasci dire, lei le ha appena assaporate. Vedrà, vedrà.»

«Con premi?»

«Il Club non pone limiti, signore. Chi ha coraggio e sa il fatto suo può galoppare di raddoppio a raddoppio ad libitum. Il Club non pone limiti.»

«E se uno non risponde?»

«Ah, ah, anche questo caso è previsto! Vedrà, vedrà.» E diede al Navarra l'indirizzo.

La sera dopo andò. Era una villa circondata da un giardino dalle parti di Porta Magenta. Fu ricevuto da due signori in abito da sera. Gentilissimi. Lo accompagnarono in una vasta sala dove, seduto come in un teatro, ci saranno state un centinaio di persone. Sul fondo, un palco illuminato. Non c'era bisogno di microfoni. L'acustica era tale che anche dalle ultime file si udivano benissimo le voci: un giovanotto in frac, di bellezza impressionante, stava interrogando una signora sui sessanta, dall'aspetto aristocratico che contrastava con gli abiti dimessi.

Meister wie Sie morgen Abend bei einem Superquiz als Gast zu begrüßen.»

«Wie meinen Sie?»

«Selbstverständlich unter strengster Vertraulichkeit, Herr Buchhalter ... Wir sind ein Kreis, der, wie soll ich sagen, sehr exklusiv ist, wie es die Umstände verlangen. Sonst wären wir ja nicht in der Lage, dem, der es wirklich verdient, Möglichkeiten zu bieten, die, kurz gesagt, unbegrenzt sind.»

«Und was soll ich ...?»

«Oh, nichts, gar nichts. Einfach als Zuschauer, ganz unverbindlich. Es sei denn ... Sie werden ja sehen. Ziemlich aufregend. Den Spaß am ‹Aufgeben oder Verdoppeln› haben Sie, nun ja, sozusagen eben erst gekostet. Sie werden sehen.»

«Mit Gewinnen?»

«Der Club setzt keine Grenzen, mein Herr. Wer Mut hat und seine Sache versteht, kann nach Belieben von Verdopplung zu Verdopplung eilen. Der Club setzt keine Grenzen.»

«Wenn aber einer nicht antworten kann?»

«Ach ja, auch dieser Fall ist eingeplant. Sie werden ja sehen.» Und er gab Navarra die Adresse.

Am folgenden Abend ging er hin. Es war eine Villa mit Garten in der Nähe der Porta Magenta. Zwei Herren im Abendanzug empfingen ihn äußerst liebenswürdig. Sie geleiteten ihn in einen großen Saal, in dem etwa hundert Personen wie im Theater saßen. Am Ende des Saals ein beleuchtetes Podium. Mikrofone waren nicht nötig. Die Akustik war so gut, dass man auch in den hintersten Stuhlreihen alles verstehen konnte: Ein junger, bemerkenswert gut aussehender Mann im Frack war gerade dabei, eine etwa sechzigjährige Dame auszufragen, deren bescheidene Garderobe sehr in Gegensatz zu ihrem aristokratischen Aussehen stand.

Ben presto Navarra afferrò la situazione. Come esistono le bische clandestine, così in quella villa solitaria si praticava segretamente il gioco dei quiz con premi progressivi. Solo che non si cominciava da zero ma addirittura da cinque milioni. E non esisteva un «massimo». La catena dei raddoppi, nei casi fortunati, toccava cifre enormi, spaventose. Ma non soli i premi salivano alle stelle: anche il panico degli interrogati, l'ansia del pubblico, il senso della perdizione ingigantivano man mano con la intensità di un incubo. Neppure le proporzioni fantastiche dei premi bastavano però a giustificare il desolato smarrimento, la costernazione, l'assoluto abbandono di ogni dignità esteriore da parte dei perdenti, come se una sventura orrenda li avesse fulminati.

In questi casi chi gemeva, chi scoppiava in singhiozzi, chi si buttava in ginocchio dinanzi al giovanotto in frac, supplicandolo. Ma le regole erano regole. Due cerimoniosi valletti, con energia piena di unzione trascinavano via gli sciagurati da una porticina laterale. E il Navarra si chiedeva: perché si disperano tanto? Dopo tutto che cosa hanno peduto? E perché nessuno «lascia» neppure dopo aver vinto decine e decine di milioni? Come mai tutti, assolutamente tutti raddoppiano? Quale demone li trascina a rischiare sempre più?

C'era insomma qualcosa di oscuro ed inquietante, che il Navarra non riusciva a decifrare. Senza contare la spregiudicatezza, perfino esagerata, delle materie d'esame. Ecco per esempio presentarsi sul palco un sacripante di almeno cinquantacinque sessant'anni, con un maglione nero, senza giacca, e uno stuzzicadenti fra le labbra. Il giovanotto in frac consulta un album.

Navarra hatte die Lage bald erfasst. So wie es verborgene Spielhöllen gibt, veranstaltete man in dieser einsamen Villa heimlich Quizspiele mit steigenden Gewinnen. Nur fing man nicht bei Null an, sondern gleich bei fünf Millionen. Und einen Höchstbetrag gab es nicht. Die Serie der Verdoppelungen erreichte in glücklichen Fällen erschrekkend hohe Summen. Doch nicht allein die Gewinne stiegen in astronomische Höhen: Auch die Panik der Befragten, die Erregung der Zuschauer und das Gefühl des Verlorenseins wuchs von Frage zu Frage mit der Intensität eines Albdrucks. Doch nicht einmal die fantastische Höhe der Gewinne reichte aus, um die trostlose Verwirrung, die Bestürzung, ja die Preisgabe jeglicher Würde auf seiten der Verlierer zu rechtfertigen, als hätte sie ein entsetzliches Unglück getroffen.

Da gab es welche, die stöhnten, andere, die in Schluchzen ausbrachen oder sich vor dem jungen Mann im Frack niederwarfen, um ihn anzuflehen. Aber Spielregel war Spielregel. Zwei steife Assistenten schleiften die Unglücklichen mit salbungsvoller Entschiedenheit durch eine Seitentür hinaus. Navarra fragte sich, warum sie sich wohl so verzweifelt gebärdeten? Was hatten sie denn letzten Endes verloren? Und warum gab niemand auf, wenn er schon Millionen und Abermillionen gewonnen hatte? Warum verdoppelten sie alle immer wieder? Welcher Dämon hieß sie immer mehr riskieren?

Es war etwas Dunkles und Beunruhigendes dabei, das Navarra nicht enträtseln konnte. Ganz abgesehen von der beinahe extremen Geschmacklosigkeit der Prüfungsthemen. Da erschien ein Kerl von mindestens fünfundfünfzig oder sechzig Jahren auf dem Podium, in schwarzem Pullover, ohne Jacke, einen Zahnstocher zwischen den Lippen. Der junge Mann im Frack blätterte in einem dicken Buch.

«Si accomodi, si accomodi. Se non sbaglio, lei è il Signor Tarabusi.»

«Tarabusi Alberto fu Melchiore», confermò l'omaccione con voce viscerale.

«Lei, Signor Tarabusi, che professione fa?»

«Be', insomma... qua e là, m'arrangio insomma.»

«Secondo le circostanze, vero?»

«Ecco, giusto, secondo le circostanze.»

«E la materia da lei prescelta, se non vado errato, sarebbe l'om...»

«Sì, insomma, l'omicidio.»

«Una disciplina affascinante, vero?»

«Be', insomma... può anche dare delle soddisfazioni.»

«Qui, Signor Tarabusi, abbiamo pronto il questionario. Vuole che cominciamo? È pronto?»

Il Tarabusi si diede una rapida occhiata alle spalle, masticò due tre volte lo stuzzicadenti e mugolò: «Sì, sono pronto.»

«Bene, Signor Tarabusi, lei conosce le condizioni del gioco? Sa i reciproci impegni, sia nel caso di vincita, sia nel caso di perdita?»

«Li so, li so.»

«Perfetto. Allora andiamo a incominciare, Signor Tarabusi. Ecco la prima domanda per cinque milioni: esistono tre classici metodi di vibrare una coltellata, come si chiamano?»

«Alla turca, alla maledetta e alla... alla gitana, col lancio a rovescio.»

«La risposta è esatta! Bravo signor Tarabusi. Cinque milioni sono suoi. Complimenti. Ora decida: lascia o raddoppia?»

«Raddoppio, raddoppio», ringhiò l'omaccione.

«Benissimo. Allora per dieci milioni, le rivol-

«Bitte, treten Sie näher. Wenn ich nicht irre, sind Sie Herr Tarabusi.»

«Tarabusi, Alberto, Sohn des Melchior», bestätigte der Stämmige mit tiefer Stimme.

«Was machen Sie beruflich, Herr Tarabusi?»

«Tja, also ... na ja, ich schlage mich so durch.»

«Den Umständen entsprechend, nicht wahr?»

«Ja, genau. Den Umständen entsprechend.»

«Und das von Ihnen gewählte Thema ist, wenn ich nicht irre, der Mo...»

«Ja, genau, der Mord.»

«Ein faszinierendes Gebiet, nicht wahr?»

«Nun, wie man's nimmt ... man kann auch daran seine Freude haben.»

«Hier, Herr Tarabusi, haben wir die vorbereiteten Fragen. Wollen wir anfangen? Sind Sie bereit?»

Tarabusi warf einen raschen Blick hinter sich, biss ein paar Mal auf seinen Zahnstocher und brummte: «Ja, ich bin bereit.»

«Gut, Herr Tarabusi. Sie kennen die Spielregeln? Die gegenseitigen Verpflichtungen, ob Sie nun gewinnen oder verlieren?»

«Ja, ich kenne sie.»

«Ausgezeichnet. Dann können wir jetzt beginnen, Herr Tarabusi. Hier ist die erste Frage für fünf Millionen: Es gibt drei klasssische Methoden des Erdolchens, welche sind das?»

«Nach Türkenart, nach Verbrecherart und ... nach Zigeunerart, mit Rückhandschlag.»

«Die Antwort ist richtig! Bravo, Herr Tarabusi. Fünf Millionen gehören Ihnen. Wir gratulieren. Nun entscheiden Sie sich: Wollen Sie aufgeben oder verdoppeln?»

«Verdoppeln, verdoppeln», knurrte der Kerl.

«Ausgezeichnet. Dann stellen wir Ihnen für zehn Millio-

giamo la seguente domanda: un celebre personaggio al principio di questo secolo rivoluzionò la tecnica dello strangolamento con una trovata geniale. Vogliamo sapere da lei il nome di questo personaggio e in che cosa consisteva l'innovazione?»

«Era il Giobatta Lorenzoni detto il Cinturello. È stato il primo a usare i tubolari di bicicletta.»

«I tubolari, e in genere la… la go…»

«La gomma elastica, che risparmiava la fatica.»

«La risposta è esatta! Lei è un competente di prima forza, signor Tarabusi. A lei spettano dieci milioni. Mi congratulo. Ora tocca a lei scegliere. Lascia o…?»

«Raddoppio, raddoppio.»

Il Tarabusi però si era fatto rosso in faccia, la mano sinistra gli cominciò a tremare.

«Ottimamente, signor Tarabusi. Siamo alla terza domanda, per venti milioni. La domanda è la seguente: Nella simulazione di suicidio con rivoltellata alla tempia esiste un particolare accorgimento relativo…»

«La risposta è esatta! Lei è veramente fenomenale, egregio signor Tarabusi. Centosessanta milioni sono suoi. A nome del Club le più vive felicitazioni. Non mi resta che chiederle se per caso…»

«Si, raddoppio, raddoppio.»

L'energumeno di pochi minuti prima non esisteva più, era un vecchio adesso, un cencio, e il mento gli tremava e tutto il corpo era agitato da scatti nervosi repentini.

«Lei è un uomo di fegato, signor Tarabusi. Le leggo dunque la domanda per 320 milioni: Fu adottato nel 1913 a Lubecca, per la prima volta, un tos-

nen die folgende Frage: Zu Beginn unseres Jahrhunderts revolutionierte eine berühmte Persönlichkeit die Technik des Erdrosselns mit einer genialen Erfindung. Wir möchten von Ihnen den Namen dieser Persönlichkeit erfahren und wissen, worin diese Erfindung bestand.»

«Es war Giobatta Lorenzoni, genannt Il Cinturello. Er war der Erste, der einen Fahrradschlauch benutzte.»

«Den Schlauch und überhaupt ... Gu...»

«Gummiseile, die die Sache erleichterten.»

«Die Antwort ist richtig! Sie sind wirklich ungemein bewandert, Herr Tarabusi. Zehn Millionen gehören Ihnen. Meinen Glückwunsch. Nun müssen Sie wiederum wählen. Wollen Sie aufgeben oder ...»

«Verdoppeln, verdoppeln.»

Doch Tarabusi war rot im Gesicht geworden, und seine linke Hand fing an zu zittern.

«Allerbestens, Herr Tarabusi. Damit sind wir bei der dritten Frage, für zwanzig Millionen. Die Frage lautet: Bei vorgetäuschtem Selbstmord durch Revolverschuss in die Schläfe gilt es eine besondere Vorsichtsmaßregel zu beachten ...»

«Die Antwort ist richtig! Sie sind echt fabelhaft, verehrter Herr Tarabusi. Hundertsechzig Millionen gehören Ihnen. Im Namen des Clubs: herzlichen Glückwunsch! Mir bleibt nur die Frage, ob Sie etwa ...»

«Ja, ich verdopple, ich verdopple.»

Das Energiebündel, das er bis vor wenigen Minuten gewesen war, existierte nicht mehr; an seiner Stelle stand jetzt ein jämmerlicher Greis, dessen Kinn zitterte und dessen ganzer Körper von nervösen Zuckungen geschüttelt wurde.

«Sie haben wirklich Mut, Herr Tarabusi. Ich lese Ihnen also die Frage für dreihundertzwanzig Millionen vor. Im Jahr 1913 wurde in Lübeck erstmals ein tödliches und un-

sico mortale ed infallibile che non lasciava nessuna traccia accertabile con esami chimici. Di che tossico si trattava?»

Il Tarabusi si guardò ancora alle spalle, sputò lo stuzzicadenti, si passò una mano intorno al collo come per liberarsi da un laccio invisible.

«Era il... era il...»

«Ha capito bene la domanda?»

«Sì... sì... era il... era il...»

Nella sala si faceva un silenzio di morte. Implacabile echeggiò il tic tac dell'orologio. Poi il funereo gong.

«Mi dispiace. E lei conosce, vero? i reciproci impegni. La risposta esatta era: le botuline.»

«Le botuline, le botuline, misericordia!» ruggì il gigante crollando ginocchioni e tempestandosi la testa di pugni. «Oh me, me! Le botuline! Maledizione dell'inferno!»

Si rotolò sul palco finché i valletti con precisa manovra lo immobilizzarono, lo costrinsero a rimettersi in piedi e lo spinsero fuori, miserando e abbietto rudere.

Il ragioniere Navarra era sconvolto, si sentiva soffocare, non ne poteva veramente più. Egli intuiva vagamente ch'era successo qualcosa di terribile ma non capiva bene. Si volse a una donnetta che gli sedeva a fianco.

«Centosessanta milioni buttati via così», disse, Certo ha motivo di perdere la testa, quello lì.»

Per qualche istante la donnetta lo guardò perplessa, poi fece una strana risatina: «Oh, non è per i milioni, stia pur sicuro, non è per i milioni che dà in smanie.»

«E per che cosa, allora?»

fehlbares Gift verwendet, das bei der chemischen Untersuchung keine nachweisbaren Spuren hinterließ. Um welches Gift handelte es sich?»

Tarabusi warf wieder einen Blick zurück, spuckte den Zahnstocher aus und fuhr sich mit der Hand an den Hals, wie um sich von einer unsichtbaren Schlinge zu befreien.

«Das war … das war …»

«Haben Sie die Frage richtig verstanden?»

«Jaja … das war … das war …»

Im Saal wurde es totenstill. Unerbittlich tickte die Uhr. Dann ertönte der schicksalshafte Gong.

«Tut mir leid, Herr Tarabusi, tut mir leid. Und, nicht wahr, Sie kennen die gegenseitigen Verpflichtungen? Die richtige Antwort hätte gelautet ‹Botulin›.»

«Botulin, Botulin, Erbarmen!» brüllte der Riese; er sank in die Knie und traktierte seinen Kopf mit den Fäusten. «O je, o je! Botulin! Verflucht!»

Er wälzte sich auf dem Podium, bis die Assistenten ihn mit energischen Griffen festhielten und zwangen, sich wieder auf die Füße zu stellen. Dann stießen sie ihn hinaus: ein elendes, würdeloses Wrack.

Der Buchhalter Navarra war entsetzt, er meinte zu erstikken, er konnte es einfach nicht mehr aushalten. Er ahnte, dass etwas Schreckliches geschehen war, aber er verstand nicht recht, was. Er wandte sich an eine zierliche Frau, die neben ihm saß.

«Hundertsechzig Millionen einfach so zu verschleudern, da kann man schon verstehen, dass einer den Kopf verliert.»

Einen Augenblick sah ihn die Frau verwundert an, dann ließ sie ein seltsames Kichern hören. «Oh, es ist nicht wegen der Millionen, da seien Sie unbesorgt, wegen der Millionen ist der nicht so verzweifelt.»

«Aber weswegen dann?»

La donnetta si piegò verso lui, gli sussurò una parola nell'orecchio. Pallido come la morte, il ragionier Navarra si sfilò dalla poltrona. Tenendosi ben stretta addosso l'anima, sgusciò verso l'uscita, precipitosamente si buttò fuori dalla villa, attraversò d'un balzo il giardino.

Come fu nella strada, sempre fuggendo, si fece il segno della croce.

Die Frau beugte sich zu ihm hinüber und flüsterte ihm ein Wort ins Ohr. Bleich wie der Tod sprang der Buchhalter Navarra von seinem Sitz auf. Und indem er seine Seele ganz fest an sich drückte, schlüpfte er zum Ausgang, stürzte aus der Villa und durchquerte mit einem Satz den Garten.

Draußen auf der Straße, in voller Flucht, bekreuzigte er sich.

I campionissimi

Osservate, vi prego, gli undici giocatori della Sportiva Valcorta, che in una sera di domenica ritornano sul vecchio trenino della loro valle, da una catastrofica trasferta, ahimè una delle tante. Undici, eppure soli soletti. Nel frattempo il tramonto spalanca il suo spettacolo e nel cielo violetto cime sovrastanti, per l'incantesimo dell'ora, si elevano a spropositate altezze, irraggiando sugli uomini in basso una parte della loro magnificenza spirituale. Ma gli undici della Valcorta, pestati selvaggiamente dal sette a zero subito giù nella città del fondovalle, non se ne accorgono nemmeno. Agli scossoni del treno che arranca con affanno essi dondolano la testa, ciascuno chiuso nei suoi mortificati e testardi pensieri. Dalle povere valigette di fibra e dai sacchi di montagna ammucchiati sulle mensole di legno, unte cinghiette e spaghi penzolano e oscillano facendo segno di no, di no, cosicché gli undici si sentono ancora più brutti, sudati, stanchi e assolutamente estranei agli splendori del vespero che trasfigura il mondo.

In seguito alla sconfitta di oggi la squadra della Sportiva Valcorta passa infatti all'ultimo posto del campionato, ancora un passo in giù e ne sarà esclusa. Gli ultimi degli ultimi; benché in teoria dovrebbero essere ragazzi in gamba; alquanto sparuti alcuni per la verità, tracagnotti altri, dall'aspetto complessivamente selvatico e rupestre.

«E pensare...» È una voce che proviene dall'angolo più in ombra del vagone, ma nessuno ci dà retta.

Die Fußballmeister

Sehen Sie sich bitte einmal die elf Spieler vom Sportclub Valcorta an, wie sie an einem Sonntagabend im alten Bummelzug ihres Tales von einer verheerenden Niederlage im Auswärtsspiel zurückkehren – einer von vielen, bedauerlicherweise. Sie sind elf, aber sie sind mutterseelenallein. Unterdessen gibt der Sonnenuntergang sein Schauspiel, und am violetten Himmel erheben sich, wie vom Zauber der Stunde erschaffen, die Gipfel in unendliche Höhen und strahlen auf die Menschen da unten ein wenig von ihrer erhabenen Herrlichkeit aus. Aber die elf vom SC Valcorta, die in der Stadt im Tal mit sieben zu null vernichtend geschlagen wurden, sehen von all dem nichts. Jeder heftige Ruck des Zuges, der sich schnaufend dahinschleppt, lässt ihre Köpfe, die alle voll sind von beschämten und bitteren Gedanken, hin und her schaukeln. Von den bescheidenen Vulkanfiberköfferchen und Rucksäcken auf den Brettern der Gepäckablage baumeln fettige Lederriemen und Schnüre, die mit verneinender Gebärde hin und her pendeln, so dass sich die elf nur noch hässlicher, verschwitzter und müder vorkommen, ganz und gar ausgeschlossen von der Schönheit des Sonnenuntergangs, der die Welt verklärt.

Nach der heutigen Niederlage ist die Mannschaft vom Sportclub Valcorta auf den letzten Tabellenplatz abgerutscht; noch ein verlorenes Spiel, und sie muss absteigen. Die Letzten der Letzten also, obwohl sie eigentlich tüchtige Kerle sind. Einige sind zwar – um bei der Wahrheit zu bleiben – eher schmächtig, die anderen dafür stämmig und von urwüchsigem und klobigem Aussehen.

«Und wenn man bedenkt …» Die Stimme kommt aus der dunkelsten Ecke des Wagens, aber niemand achtet auf sie.

«Dei giovanotti come voi...»

Tacciono ancora, però hanno girato gli occhi (appena appena) chiedendosi chi sia. A guardar bene nell'angolo più in ombra si può distinguere un ometto sulla cinquantina circa, i baffi sottili e ancora neri, simili a code di topi, che gli colano ai lati della bocca, un paio di basette, una scandalosa camicia gialla e viola: uno zingaro si potrebbe presumere, però abbastanza in ordine. Ma che cosa vuole? Di che cosa s'impiccia? Sta fresco, se spera di attaccar discorso, hanno ben altro per la testa gli undici sciagurati calciatori.

«Eh eh... E basterebbe così poco!» Ridacchia da solo, lo zigano, si può anzi dire che sogghigni.

Finalmente uno risponde. Gecc Luciano, mediano destro, il più deciso della compagnia:

«Be', che cosa ha lei da brontolare?»

«Benedetti figlioli, una rabbia vi dico, viene una tale rabbia a pensarci... Un niente ci vorebbe per portarvi in quarta serie...»

«Come? Di chi sta parlando?»

«Di voi.»

«Noi chi?»

«Voi della Valcorta.»

«Come sarebbe a dire?»

«Macché quarta serie, serie C volevo dire. E - perché poi serie C? No, no, voi meritate ben di più ... sicuro, figli miei, in serie A voi arriverete, che mi prenda uno sbocco di sangue, quanto è vero che io mi chiamo Max, se voi ragazzi non mettete piede in Serie A... in due anni a farla lunga.»

«Noi, lei dice?»

«Voi.»

«Junge Leute wie ihr ...»

Sie schweigen noch immer, doch haben sie sich umgeschaut (nur ein klein wenig) und fragen sich, wer das wohl sei. Schaut man genauer, kann man dort in der dunkelsten Ecke einen kleinen Mann erkennen, so um die Fünfzig, mit einem dünnen, noch schwarzen Schnurrbärtchen, das aussieht wie ein Mäuseschwanz und zu beiden Seiten des Mundes herunterhängt; außerdem trägt er Koteletten und ein auffallend gelb und lila gemustertes Hemd: ein Zigeuner, könnte man annehmen, aber ganz ordentlich angezogen. Doch was möchte er? Was mischt er sich ein? Wenn er ein Gespräch in Gang bringen will, kann er lange warten – die elf unglücklichen Fußballer haben anderes im Kopf.

«Hi, hi ... und dabei wäre so wenig nötig!» Der Zigeuner kichert in sich hinein, man könnte sagen, er lacht höhnisch.

Endlich antwortet einer, Jack Luciano, Mitte-Rechts-Spieler, der Energischste von allen:

«Was haben Sie da zu flüstern?»

«Jungs, Jungs, man könnte die Wut kriegen, wenn man bloß daran denkt ... Ein Klacks, und ihr könntet in die D-Klasse aufsteigen ...»

«Wieso? Von wem sprechen Sie denn?»

«Von euch.»

«Was heißt ‹von euch›?»

«Von euch, von der Valcorta.»

«Was soll das bedeuten?»

«Ach was, D-Klasse, C-Klasse wollte ich sagen. Und wieso überhaupt C-Klasse? Nein, ihr habt etwas ganz anderes verdient ... bestimmt, ihr Jungs, bis in die Oberliga könntet ihr aufsteigen, und mich soll der Schlag treffen, so wahr ich Max heiße, wenn ihr nicht spätestens in zwei Jahren in die Oberliga kommt.»

«Wir, meinen Sie?»

«Ihr.»

«Noi della Valcorta?»

«Voi.»

«Lei, sa cosa le dico?» fa il grosso Mestica, il capitano, dalla testa che sembra un baule. «Lei non faccia tanto lo spiritoso!»

«Lo spiritoso io?» e sogghigna. «No, no, signori. Qui c'è un grosso equivoco.»

In quel mentre il treno fa una curva e un riflesso del sole, girando nell'interno del vagone va a battere sul viso dello strano tipo illuminandolo.

Tutti gli undici allora, vedendolo, incominciano ad avere una sensazione di paura ma nello stesso tempo anche capiscono che gli si deve credere, qualsiasi enormità esca da quella bocca, non c'è assolutamente da scherzare.

«Dunque secondo lei» – la voce di Mestica si è fatta all'improvviso rispettosa e quasi timida – «noi secondo lei, potremmo...»

Ride, lo sconosciuto sedicente Max, anche se è un riso sgradevole, sobbalzante alle scosse del vagone: «Oh, bravo, ho capito subito io che siete dei ragazzi intelligenti, dei simpatici ragazzi che ascoltano i consigli di chi può fare la vostra fortuna...»

Salasene, il portiere, che assomiglia a un orso di pelo rosso: «Ma lo sa lei, lo sa che siamo ormai in coda alla classifica? Cosa ci vuole raccontare? Ci prende proprio per scemi?»

«Be', si intende», fa il misterioso zingaro lisciandosi le code di topo, «a questo mondo e forse eh eh, anche in quell'altro per far strada bisogna essere disposti a qualche sacrificio...»

«Ma noi», dice Mestica, «noi durante la setti-

«Wir vom SC Valcorta?»

«Ihr.»

«Wissen Sie was?» erklärt der dicke Mestica, der Kapitän mit einem Kopf wie ein Koffer. «Sie hören jetzt auf, Unsinn zu reden!»

«Ich, Unsinn?» Er grinst. «Nein, nein, meine Herren. Das ist ein großes Missverständnis.»

In diesem Augenblick fährt der Zug in eine Kurve; der Abglanz der Sonne wandert durch das Abteil, fällt auch auf das Gesicht des seltsamen Menschen und lässt es aufleuchten.

Bei diesem Anblick befällt alle elf ein Gefühl der Angst, aber zugleich sind sie nun überzeugt, dass man ihm glauben muss. So ungeheuerlich es auch sein mag, was er da sagt, Witze sollte man darüber nicht machen.

«Also Ihrer Ansicht nach» – die Stimme Mesticas klingt auf einmal respektvoll, ja schüchtern – «Ihrer Ansicht nach könnten wir …»

Er lacht, der Unbekannte, der sich Max nennt, auch wenn sein Lachen unangenehm ist und mit den Stößen des Wagens hüpft: «Oh, bravo. Ich habe gleich gewusst, dass ihr intelligente Jungs seid, sympathische Jungs, die auf die Ratschläge von Leuten hören, die ihnen Glück bringen können …»

Doch Salasene, der Torwart, der wie ein rothaariger Bär aussieht, wirft ein: «Wissen Sie überhaupt, dass wir die Letzten in der Tabelle sind? Was wollen Sie uns da erzählen? Halten Sie uns für dumm?»

«Nun, natürlich», sagt der geheimnisvolle Zigeuner und streicht sich sein Mäuseschwänzchen glatt, «man muss in dieser Welt und vielleicht, hi, hi, vielleicht auch in der anderen, schon zu einem kleinen Opfer bereit sein, wenn man etwas erreichen will …»

«Aber», wirft Mestica ein, «wir arbeiten alle während

mana lavoriamo, chi da boscaiolo, chi da muratore, chi alla costruzione della diga, non siamo mica dei signori noi.»

L'altro ride ancora più di gusto.

«Ma lo so, lo so figlioli. Non intendevo questo. Il sacrificio di cui parlo è di altro genere… Una piccolezza, dopo tutto una semplice formalità, possiamo dire… Dopodiché figlioli miei, chi vi potrà tenere più?»

«E… in parole povere, sarebbe…?»

Il baffuto, ammiccando, risponde con un gesto, niente più che un moto delle mani. E gli undici sono dei rozzi manovali, che non sanno quasi né scrivere figurarsi se conoscono i problemi della grazia e della dannazione. Eppure tutti e undici hanno capito al volo. Sentono uno strano freddo salire su per il filo della schiena, avrebbero quasi voglia di aprir lo sportello e buttarsi giù dalla scarpata, ma la batosta di sette a zero brucia, e il demoniaco zingaro è così promettente e persuasivo. E poi, siamo sinceri, che cosa ne sanno loro dell'anima? A che serve, dopo tutto? Ne hanno mai ricavato vantaggi pratici?

«Qui radio audizioni italiane. Programma nazionale. Ci mettiamo in collegamento con lo stadio comunale di Firenze per la radiocronaca della partita di Serie A fra Fiorentina e Sportiva Valcorta… Lo stadio è letteralmente pieno come un uovo, si calcola almeno 60000 spettatori, senza dubbio per Firenze oggi è stato battuto il record degli incassi, carovane di autopullman sono affluite anche da Roma, da Torino, da Milano, da Venezia, tanto acuta, possiamo dire spasmodica, l'attesa per questa

der Woche, der eine als Holzfäller, der andere als Maurer, der Dritte beim Dammbau; wir sind doch keine reichen Leute.»

Der andere lacht nur noch herzlicher.

«Das weiß ich doch, das weiß ich doch, Jungs. Das meinte ich nicht. Das Opfer, von dem ich spreche, ist etwas ganz anderes … Eine Kleinigkeit, eine bloße Formsache sozusagen … Danach, Jungs, wer könnte euch dann noch aufhalten?»

«Und … kurz gesagt, was wäre das …?»

Der Schnurrbärtige antwortet augenzwinkernd mit einer Bewegung, mit nichts als einer Bewegung seiner Hände. Und die elf sind einfache Arbeiter, die kaum lesen und schreiben können und von den Angelegenheiten der Gnade und der ewigen Verdammnis wahrlich nicht viel verstehen. Dennoch hat jeder der elf sofort begriffen. Sie fühlen eine seltsame Kälte den Rücken heraufkriechen, sie hätten gute Lust, die Zugtür aufzumachen und sich die Böschung hinunterzustürzen, aber die 7:0-Schlappe brennt, und der dämonische Zigeuner verspricht ihnen so viel und ist so überzeugend. Und dann, seien wir ehrlich, was wissen sie von der Seele? Wozu ist sie überhaupt gut? Haben sie schon jemals praktischen Nutzen von ihr gehabt?

«Hier ist der italienische Rundfunk mit dem landesweiten Programm. Wir schalten um ins Städtische Stadion von Florenz zur Direktübertragung des Oberligaspiels zwischen der ‹Fiorentina› und dem SC Valcorta … Das Stadion ist buchstäblich vollgestopft wie eine Dose Ölsardinen, man schätzt die Zahl der Zuschauer auf mindestens sechzigtausend, und zweifellos hat Florenz heute jeden Kassenrekord geschlagen; sogar aus Rom, Turin, Mailand und Venedig sind Omnibuskarawanen eingetroffen – so knisternd, ja nervenaufreibend ist die Spannung vor diesem Spiel, wo in wenigen Minuten

partita che metterà di fronte fra pochi minuti l'undici viola campione d'Italia e la cosidetta squadra miracolo, ieri oscura formazione di provincia, oggi compagine di classe internazionale. L'ascesa inaspettata e irresistibile ha sbalordito i tecnici e si impone come l'avvenimento numero uno di questo campionato. Il confronto è tanto più appassionante in quanto le due squadre si misurano la prima volta e si presentano entrambe imbattute...» – «... mancano ancora sei minuti, la squadra fiorentina fa prodigi per salvare almeno l'onore della firma, certo non può più sperare, di sormontare lo schiacciante svantaggio di 7:0...» – «... il pubblico è impietrito...»

Così fantasticano, nell'amaro dormiveglia i giocatori di Valcorta, pesti e stanchi, sull'ansimante treno, del ritorno.

C'era sì nell'angolo più in ombra, un ometto dai sottili baffi neri e dall'aspetto zingaresco. Ma non ha detto parola, tanto meno ha proposto diaboliche contrattazioni offrendo la dolce cara gloria in cambio di undici anime tapine e contristate; è sceso anzi alla fermata poco fa, senza neanche salutare.

Nel frattempo si è consunto il tramonto come un glorioso fuoco che lascia solo i tizzioni neri, la notte è scesa nella valle, le montagne sono diventate arcigne, fa freddo, e già si intravedono lassù i fiochi lumi dell'ultima stazione, dove non c'è nemmeno un cane ad aspettare.

die lila Elf des italienischen Meisters und die so genannte Wundermannschaft, gestern noch eine unbekannte Elf aus der Provinz, heute ein Team von internationaler Klasse, einander gegenübertreten werden. Dieser unerwartete und unaufhaltsame Aufstieg hat die Fachleute überrascht und ist das Hauptereignis der diesjährigen Meisterschaft. Die Begegnung ist umso aufregender, als die beiden Mannschaften zum allerersten Mal einander gegenüberstehen und beide bisher ungeschlagen sind ...» – «... noch sechs Minuten sind zu spielen, die Mannschaft von Florenz gibt ihr Letztes her, um wenigstens die Ehre ihres Namens zu retten, auch wenn sie nicht mehr hoffen kann, den erdrückenden Rückstand von 7:0 aufzuholen ...» – «... das Publikum ist wie versteinert ...»

So fantasieren die elf Spieler vom SC Valcorta, müde und zerschlagen, in bitterem Halbschlaf, während sie der Zug schnaufend nach Hause trägt. Wohl hatte in der dunkelsten Ecke ein Mann mit dünnem schwarzem Schnurrbart gesessen, der wie ein Zigeuner aussah. Aber er hatte kein Wort gesprochen und noch viel weniger diabolische Vorschläge gemacht oder den süßen, ersehnten Ruhm im Tausch gegen armselige, traurige Seelen angeboten; er war sogar an der letzten Haltestelle ausgestiegen, ohne jeden Gruß.

Inzwischen hat sich der Sonnenuntergang verzehrt wie ein herrliches Feuer, das nur verkohlte Scheite übrig lässt; die Nacht ist über das Tal hereingebrochen, die Berge sind finster geworden, es ist kalt, und schon sieht man da oben die matten Lichter der Endstation auftauchen, wo nicht einmal ein Hund auf sie wartet.

I sette messaggeri

Partito ad esplorare il regno di mio padre, di giorno in giorno vado allontanandomi dalla città e le notizie che mi giungono si fanno sempre più rare.

Ho cominciato il viaggio poco più che trentenne e più di otto anni sono passati, esattamente otto anni, sei mesi e quindici giorni di ininterrotto cammino. Credevo, alla partenza, che in poche settimane avrei facilmente raggiunto i confini del regno, invece ho continuato ad incontrare sempre nuove genti e paesi; e dovunque uomini che parlavano la mia stessa lingua, che dicevano di essere sudditi miei.

Penso talora che la bussola del mio geografo sia impazzita e che, credendo di procedere sempre verso il meridione, noi in realtà siamo forse andati girando su noi stessi, senza mai aumentare la distanza che ci separa dalla capitale; questo potrebbe spiegare il motivo per cui ancora non siamo giunti all'estrema frontiera.

Ma più sovente mi tormenta il dubbio che questo confine non esista, che il regno si estenda senza limite alcuno e che, per quanto io avanzi, mai potrò arrivare alla fine.

Mi misi in viaggio che avevo già più di trent'anni, troppo tardi forse. Gli amici, i familiari stessi, deridevano il mio progetto come inutile dispendio degli anni migliori della vita. Pochi in realtà dei miei fedeli acconsentirono a partire.

Sebbene spensierato – ben più di quanto sia ora! – mi preoccupai di poter comunicare, durante il viaggio, con i miei cari, e fra i cavalieri della

Die sieben Boten

Ausgezogen, das Reich meines Vaters zu erkunden, entferne ich mich von Tag zu Tag immer weiter von der Stadt, und die Nachrichten von dort werden immer spärlicher.

Ich war kaum über dreißig, als ich aufbrach, und mehr als acht Jahre sind seither vergangen, genau gerechnet acht Jahre, sechs Monate und fünfzehn Tage ständigen Unterwegsseins. Beim Weggehen glaubte ich, in wenigen Wochen könnte ich leicht an den Grenzen des Reiches angelangt sein, aber ich bin immer neuen Völkern und Landstrichen begegnet; und überall traf ich Menschen, die meine Sprache sprachen und sagten, sie seien meine Untertanen.

Bisweilen denke ich, der Kompass meines Geografen spielt verrückt, und in der Meinung, immer weiter nach Süden voranzukommen, drehen wir uns in Wirklichkeit nur um uns selbst, ohne jemals die Entfernung zu vergrößern, die uns von der Hauptstadt trennt; dies könnte erklären, weshalb wir noch nicht an die äußerste Grenze gelangt sind.

Aber immer öfter quält mich der Zweifel, ob es diese Grenze überhaupt gibt, ob sich das Reich nicht vielmehr ins Unendliche erstreckt und ob ich, so weit ich auch vorankomme, überhaupt je an ein Ende gelange.

Als ich mich aufmachte, war ich schon über dreißig, das war vielleicht zu spät. Die Freunde, selbst meine Familie, verlachten meinen Plan als sinnlose Vergeudung meiner besten Lebensjahre. Und letztlich erklärten sich nur wenige meiner Getreuen mit zum Aufbruch bereit.

Ich war zwar unbesorgt – viel unbesorgter als jetzt! –, aber mir lag doch daran, während der Reise mit meinen Angehörigen in Verbindung zu bleiben, und wählte daher

scorta scelsi i sette migliori, che mi servissero da messaggeri.

Credevo, inconsapevole, che averne sette fosse addirittura un'esagerazione. Con l'andar del tempo mi accorsi al contrario che erano ridicolmente pochi; e sí che nessuno di essi è mai caduto malato, né è incappato nei briganti, né ha sfiancato le cavalcature. Tutti e sette mi hanno servito con una tenacia e una devozione che difficilmente riuscirò mai a ricompensare.

Per distinguerli facilmente imposi loro nomi con le iniziali alfabeticamente progressive: Alessandro, Bartolomeo, Caio, Domenico, Ettore, Federico, Gregorio.

Non uso alla lontananza dalla mia casa, vi spedii il primo, Alessandro, fin dalla sera del secondo giorno di viaggio, quando avevamo percorso già un'ottantina di leghe. La sera dopo, per assicurarmi la continuità delle comunicazioni, inviai il secondo, poi il terzo, poi il quarto, consecutivamente, fino all'ottava sera di viaggio, in cui partì Gregorio. Il primo non era ancora tornato.

Ci raggiunse la decima sera, mentre stavamo disponendo il campo per la notte, in una valle disabitata. Seppi da Alessandro che la sua rapidità era stata inferiore al previsto; avevo pensato che, procedendo isolato, in sella a un ottimo destriero, egli potesse percorrere, nel medesimo tempo, una distanza due volte la nostra; invece aveva potuto solamente una volta e mezza; in una giornata, mentre noi avanzavamo di quaranta leghe, lui ne divorava sessanta, ma non più.

Cosí fu degli altri. Bartolomeo, partito per la città alla terza sera di viaggio, ci raggiunse alla

aus meiner Eskorte die sieben besten Reiter aus und bestellte sie zu Boten.

Ahnungslos wie ich war, dachte ich, sieben Boten wären bereits übertrieben. Aber mit der Zeit wurde mir klar, dass es im Gegenteil lächerlich wenige waren; und dabei ist keiner von ihnen jemals erkrankt oder Räubern in die Hände gefallen oder hat ein Reittier zuschanden geritten. Alle sieben haben mir mit einer Ausdauer und einer Hingabe gedient, die ich ihnen nur schwer werde vergelten können.

Um sie leichter unterscheiden zu können, gab ich ihnen Namen mit Anfangsbuchstaben in alphabetischer Reihenfolge: Alessandro, Bartolomeo, Caio, Domenico, Ettore, Federico, Gregorio.

Nicht daran gewöhnt, fern von zu Hause zu weilen, sandte ich den ersten Boten, Alessandro, bereits am Abend des zweiten Reisetages zurück, als wir etwa achtzig Meilen zurückgelegt hatten. Um eine ständige Verbindung aufrechtzuerhalten, schickte ich am folgenden Abend den zweiten Boten auf den Weg, dann den dritten, dann den vierten und so weiter, so dass am achten Abend der Reise Gregorio aufbrach. Der erste Bote war noch nicht zurückgekehrt.

Er erreichte uns am zehnten Abend, während wir gerade in einem einsamen Tal das Nachtlager aufschlugen. Von Alessandro erfuhr ich, dass er langsamer als erwartet vorangekommen war; ich hatte gedacht, dass er mit einem sehr guten Pferd und allein in der gleichen Zeit die doppelte Strecke zurücklegen könnte wie wir; aber er brachte es nur auf eineinhalbmal so viel; während wir an einem Tag vierzig Meilen zurücklegten, schaffte er sechzig, nicht mehr.

Nicht anders war es mit den übrigen Boten. Bartolomeo, der am dritten Abend der Reise in die Stadt aufbrach, traf

quindicesima; Caio, partito alla quarta, alla ventesima solo fu di ritorno. Ben presto constatai che bastava moltiplicare per cinque i giorni fin lí impiegati per sapere quando il messaggero ci avrebbe ripresi.

Allontanandoci sempre più dalla capitale, l'itinerario dei messi si faceva ogni volta più lungo. Dopo cinquanta giorni di cammino, l'intervallo fra un arrivo e l'altro dei messaggeri cominciò a spaziarsi sensibilmente; mentre prima me ne vedevo arrivare al campo uno ogni cinque giorni, questo intervallo divenne di venticinque; la voce della mia città diveniva in tal modo sempre più fioca; intere settimane passavano senza che io ne avessi alcuna notizia.

Trascorsi che furono sei mesi – già avevamo varcato i monti Fasani – l'intervallo fra un arrivo e l'altro dei messaggeri aumentò a ben quattro mesi. Essi mi recavano oramai notizie lontane; le buste mi giungevano gualcite, talora con macchie di umido per le notti trascorse all'addiaccio da chi me le portava.

Procedemmo ancora. Invano cercavo di persuadermi che le nuvole trascorrenti sopra di me fossero uguali a quelle della mia fanciullezza, che il cielo della città lontana non fosse diverso dalla cupola azzurra che mi sovrastava, che l'aria fosse la stessa, uguale il soffio del vento, identiche le voci degli uccelli. Le nuvole, il cielo, l'aria, i venti, gli uccelli, mi apparivano in verità cose nuove e diverse; e io mi sentivo straniero.

Avanti, avanti! Vagabondi incontrati per le pianure mi dicevano che i confini non erano lontani. Io incitavo i miei uomini a non posare, spegnevo gli accenti scoraggiati che si facevano sulle loro lab-

am fünfzehnten Tag wieder bei uns ein; Caio, der am vierten Tag aufbrach, kehrte erst am zwanzigsten Tag zurück. Bald schon musste ich feststellen, dass man die bisher vergangenen Tage mit fünf multiplizieren musste, um auszurechnen, wann der Bote uns eingeholt haben würde.

Da wir uns immer weiter von der Hauptstadt entfernten, wurde auch die Wegstrecke, die die Boten zurückzulegen hatten, immer länger. Nach fünfzigtägiger Reise begann sich der Abstand zwischen der Ankunft der einzelnen Boten merklich zu vergrößern; während anfangs alle fünf Tage einer im Lager eintraf, waren es bald fünfundzwanzig Tage; die Kunde aus meiner Stadt wurde auf diese Weise immer spärlicher; Wochen vergingen, ohne dass ich eine Nachricht erhielt.

Nach sechs Monaten – wir hatten bereits die Fasanenberge überquert – hatte sich der Abstand zwischen der Ankunft der einzelnen Boten auf vier Monate vergrößert. Sie brachten mir jetzt nur noch Nachrichten aus alter Zeit; die Briefumschläge waren zerknittert, manche stockflekkig, weil der Überbringer viele Nächte im Freien verbracht hatte.

Doch wir gingen weiter. Vergeblich versuchte ich mir einzureden, dass die Wolken, die über mir hinwegzogen, dieselben waren wie in meiner Kindheit, dass der Himmel über der fernen Stadt sich nicht von der blauen Kuppel unterschied, die sich nun hier über mir wölbte, dass die Luft, die ich atmete, dieselbe war, ebenso der Windhauch, das Zwitschern der Vögel. Tatsächlich aber kamen mir die Wolken, der Himmel, die Luft, die Winde, die Vögel neu und anders vor; ich fühlte mich fremd.

Weiter, immer weiter! Landstreicher, denen ich in den Ebenen begegnete, sagten mir, dass es bis zur Grenze nicht mehr weit sei. Ich trieb meine Männer an, nicht zu rasten, brachte die verzagten Äußerungen zum Verstummen, die

bra. Erano già passati quattro anni dalla mia partenza; che lunga fatica. La capitale, la mia casa, mio padre, si erano fatti stranamente remoti, quasi non ci credevo. Ben venti mesi di silenzio e di solitudine intercorrevano ora fra le successive comparse dei messaggeri. Mi portavano curiose lettere ingiallite dal tempo, e in esse trovano nomi dimenticati, modi di dire a me insoliti, sentimenti che non riuscivo a capire. Il mattino successivo, dopo una sola notte di riposo, mentre noi ci rimettevamo in cammino, il messo partiva nella direzione opposta, recando alla città le lettere che da parecchio tempo io avevo apprestate.

Ma otto anni e mezzo sono trascorsi. Stasera cenavo da solo nella mia tenda quando è entrato Domenico, che riusciva ancora a sorridere benché stravolto dalla fatica. Da quasi sette anni non lo rivedevo. Per tutto questo periodo lunghissimo egli non aveva fatto che correre, attraverso praterie, boschi e deserti, cambiando chissà quante volte cavalcatura, per portarmi quel pacco di buste che finora non ho avuto voglia di aprire. Egli è già andato a dormire e ripartirà domani stesso all'alba.

Ripartirà per l'ultima volta. Sul taccuino ho calcolato che, se tutto andrà bene, io continuando il commino come ho fatto finora e lui il suo, non potrò rivedere Domenico che fra trentaquattro anni. Io allora ne avrò settantadue. Ma comincio a sentirmi stanco ed è probabile che la morte mi coglierà prima. Cosí non lo potrò mai più rivedere.

Fra trentaquattro anni (prima anzi, molto prima) Domenico scorgerà inaspettatamente i fuochi del mio accampamento e si domanderà perché mai nel frattempo, io abbia fatto cosí poco cammino. Come

ihnen über die Lippen kamen. Seit meinem Aufbruch waren inzwischen vier Jahre vergangen; eine lange Mühsal. Die Hauptstadt, mein Haus, mein Vater waren so seltsam weit entrückt, dass ich es gar nicht glauben konnte. Zwanzig Monate des Schweigens und der Einsamkeit verstrichen nunmehr zwischen dem Aufauchen der Boten. Sie brachten mir wunderliche Briefe, völlig vergilbt, darin las ich vergessene Namen, Redensarten, die mir nicht vertraut waren, Gefühle, die ich nicht verstehen konnte. Nach einer einzigen Nacht der Rast setzten wir am nächsten Morgen unsere Reise fort, und der Bote brach in die entgegengesetzte Richtung auf, um die Briefe in die Stadt zu bringen, die ich seit geraumer Zeit geschrieben hatte.

Es sind nun achteinhalb Jahre vergangen. Heute aß ich allein in meinem Zelt zu Abend, als Domenico eintrat, der gerade noch ein Lächeln zustande brachte, wenngleich es von Erschöpfung entstellt war. Seit fast sieben Jahren hatte ich ihn nicht gesehen. In dieser ganzen langen Zeit war er immer unterwegs gewesen, hatte Steppen, Wälder und Wüsten durchquert, unzählige Male das Pferd gewechselt, um mir jenen Packen Briefe zu bringen, die zu öffnen ich bisher noch keine Lust verspürt habe. Er hat sich bereits schlafen gelegt und wird morgen in aller Frühe wieder aufbrechen.

Zum letztenmal. In meinem Notizheft habe ich ausgerechnet, dass ich – wenn alles gut ginge und ich meinen Weg und er den seinen wie bisher fortsetzen würde – Domenico in vierunddreißig Jahren wiedersähe. Dann wäre ich zweiundsiebzig. Aber schon jetzt fühle ich mich müde, und bestimmt wird mich der Tod vorher ereilen. Deshalb könnte es sein, dass ich ihn gar nicht mehr wiedersehe.

In vierunddreißig Jahren (oder doch früher, sehr viel früher) wird Domenico überraschend das Feuer meines Lagers entdecken und sich fragen, warum ich in der Zwischenzeit nicht weiter vorangekommen bin. Wie heute Abend wird

stasera, il buon messaggero entrerà nella mia tenda con le lettere ingiallite dagli anni, cariche di assurde notizie di un tempo già sepolto; ma si fermerà sulla soglia, vedendomi immobile disteso sul giaciglio, due soldati ai fianchi con le torce, morto.

Eppure va, Domenico, e non dirmi che sono crudele! Porta il mio ultimo saluto alla città dove io sono nato. Tu sei il superstite legame con il mondo che un tempo fu anche mio. I più recenti messaggi mi hanno fatto sapere che molte cose sono cambiate, che mio padre è morto, che la Corona è passata a mio fratello maggiore, che mi considerano perduto, che hanno costruito alti palazzi di pietra là dove prima erano le querce sotto cui andavo solitamente a giocare. Ma è pur sempre la mia vecchia patria.

Tu sei l'ultimo legame con loro, Domenico. Il quinto messaggero, Ettore, che mi raggiungerà, Dio volendo, fra un anno e otto mesi, non potrà ripartire perché non farebbe più in tempo a tornare. Dopo di te il silenzio, o Domenico, a meno che finalmente io non trovi i sospirati confini. Ma quanto più procedo, più vado convincendomi che non esiste frontiera.

Non esiste, io sospetto, frontiera, almeno nel senso che noi siamo abituati a pensare. Non ci sono muraglie di separazione, né valli divisorie, né montagne che chiudano il passo. Probabilmente varcherò il limite senza accorgermene neppure, e continuerò ad andare avanti, ignaro.

Per questo io intendo che Ettore e gli altri messi dopo di lui, quando mi avranno nuovamente raggiunto, non riprendano più la via della capitale ma partano innanzi a precedermi, affinché io possa sapere in antecedenza ciò che mi attende.

der gute Bote mit Briefen in mein Zelt treten, die mit den Jahren verblasst sind und aberwitzige Nachrichten aus einer längst vergangenen Zeit enthalten; aber er wird auf der Schwelle stehen bleiben, denn er wird mich reglos auf meinem Lager liegen sehen, zwei Soldaten mit Fackeln an meiner Seite, tot.

Trotzdem, geh, Domenico, und sag nicht, ich sei grausam! Bring der Stadt, in der ich geboren bin, einen letzten Gruß von mir. Du bist die einzig verbliebene Verbindung zu der Welt, die einst auch die meine war. Die letzten Boten haben mir erzählt, dass sich inzwischen eine Menge verändert hat, dass mein Vater gestorben ist, dass die Krone meinem ältesten Bruder übertragen wurde, dass man mich verloren gibt, dass dort, wo vorher die Eichen standen, unter denen ich spielte, hohe steinerne Paläste erbaut wurden. Und doch ist es noch immer meine alte Heimat.

Du, Domenico, bist meine letzte Verbindung zu ihr. Ettore, der fünfte Bote, der, so Gott will, in einem Jahr und acht Monaten hier sein wird, wird nicht mehr aufbrechen können, weil er nicht mehr rechtzeitig zu mir zurückkommen würde. Nach dir das Schweigen, Domenico, es sei denn, ich finde endlich die ersehnte Grenze. Aber je weiter ich vorangehe, desto mehr wächst meine Überzeugung, dass es gar keine Grenze gibt.

Ich vermute, es gibt keine Grenze, zumindest nicht in dem Sinn, wie wir es zu denken gewohnt sind. Es gibt keine trennenden Mauern, keine tief eingegrabenen Täler, keine Berge, die den Durchgang verwehren. Wahrscheinlich werde ich die Grenze überschreiten, ohne es überhaupt gewahr zu werden, und werde ahnungslos meinen Weg fortsetzen.

Deshalb möchte ich, dass Ettore und die anderen Boten nach ihm, wenn sie bei mir gewesen sind, nicht mehr den Weg zur Hauptstadt einschlagen, sondern mir vorausreiten, damit ich weiß, was mich erwartet.

Un'ansia inconsueta da qualche tempo si accende in me alla sera, e non è più rimpianto delle gioie lasciate, come accadeva nei primi tempi del viaggio; piuttosto è l'impazienza di conoscere le terre ignote a cui mi dirigo.

Vado notando – e non l'ho confidato finora a nessuno – vado notando come di giorno in giorno, man mano che avanzo verso l'improbabile mèta, nel cielo irraggi una luce insolita quale mai mi è apparsa, neppure nei sogni; e come le piante, i monti, i fiumi che attraversiamo, sembrino fatti di una essenza diversa da quella nostrana e l'aria rechi presagi che non so dire.

Una speranza nuova mi trarrà domattina ancora più avanti, verso quelle montagne inesplorate che le ombre della notte stanno occultando. Ancora una volta io leverò il campo, mentre Domenico scomparirà all'orizzonte dalla parte opposta, per recare alla città lontanissima l'inutile mio messaggio.

Seit einiger Zeit ergreift mich abends eine ungewohnte Sehnsucht; es ist nicht das Bedauern über die versäumten Vergnügungen, das ich in der ersten Zeit der Reise verspürte; es ist vielmehr die Ungeduld, jenes unbekannte Land kennen zu lernen, zu dem ich unterwegs bin.

Ich bemerke – und das habe ich bisher noch niemandem anvertraut – ich bemerke, wie von Tag zu Tag, je mehr ich mich dem kaum mehr vorstellbaren Ziel nähere, am Himmel ein ungewöhnliches Licht aufstrahlt, das ich nie zuvor gesehen habe, nicht einmal im Traum; dass die Bäume, die Berge, die Flüsse, die wir überqueren, aus anderem Stoff sind als die bei uns daheim und dass in der Luft Vorahnungen von etwas liegen, das ich nicht zu enträtseln vermag.

Morgen früh wird mich eine neue Hoffnung vorantreiben, die Hoffnung auf jene unerforschten Berge, die jetzt noch von den Schatten der Nacht verhüllt sind. Noch einmal werde ich das Lager abbrechen, während Domenico drüben am Horizont verschwinden wird, um meine sinnlose Botschaft in die weit entfernte Stadt zu tragen.

Il bambino tiranno

Il bambino Giorgio, benché giudicato in famiglia un prodigio di bellezza fisica, bontà e intelligenza, era temuto. C'erano il padre, la madre, il nonno e la nonna paterni, le cameriere Anna e Ida, e tutti vivevano sotto l'incubo dei suoi capricci, ma nessuno avrebbe osato confessarlo, anzi era una continua gara a proclamare che un bambino caro, affettuoso, docile come lui non esisteva al mondo. Ciascuno voleva primeggiare in questa sfrenata adorazione. E tremava al pensiero di poter involontariamente provocare il pianto del bambino: non tanto per le lacrime, in fondo trascurabili, quanto per le riprovazioni degli adulti. Infatti, col pretesto dell'amore per il piccolo, essi sfogavano a vicenda i loro spiriti maligni controllandosi e facendosi la spia.

Ma paurose di per sé erano le ire di Giorgio. Con l'astuzia propria di questo tipo di bambini, egli misurava bene l'effetto delle varie rappresaglie. Perciò aveva guardato l'uso delle proprie armi nei seguenti termini: per le piccole contrarietà si metteva semplicemente a piangere, con dei singulti per la verità, che sembrava gli dovessero schiantare il petto. Nei casi più importanti, quando l'azione doveva prolungarsi fino all'esaudimento del desiderio contrastato, metteva il muso e allora non parlava, non giocava, si rifiutava di mangiare: ciò che in meno di una giornata portava la famiglia alla costernazione. Nelle circostanze ancor più gravi le tattiche erano due: o simulava di essere assalito da misteriosi dolori alle ossa, i dolori alla testa e

Das tyrannische Kind

Zwar galt der kleine Giorgio in seiner Familie als Ausbund von Schönheit, Sanftmut und Klugheit, aber er war auch gefürchtet. Vater, Mutter, Großvater und Großmutter väterlicherseits, die Hausmädchen Anna und Ida – sie alle lebten in ständiger Angst vor seinen Eigenwilligkeiten, aber das hätte niemand je zuzugeben gewagt; im Gegenteil, alle wollten sich unaufhörlich darin übertrumpfen zu erklären, kein anderes Kind auf der ganzen Welt sei so lieb, sanftmütig und gefügig wie dieses. In solch grenzenloser Bewunderung mochte keiner dem anderen nachstehen. Und zitterte schon bei der Vorstellung, das Kind aus Versehen zum Weinen zu bringen: weniger wegen seiner Tränen, die nicht der Rede wert waren, sondern wegen der Vorwürfe der Erwachsenen. Unter dem Vorwand der Liebe zu dem Kleinen ließ jeder seine Bosheit an dem anderen aus, indem sie sich gegenseitig auflauerten und ausspionierten.

Aber Giorgios Zorn allein war fürchterlich genug. Mit einer Gerissenheit, wie sie derartigen Kindern eigen ist, berechnete er genauestens die Wirkung seiner unterschiedlichen Druckmittel. Er setzte seine Waffen nach einer ganz bestimmten Strategie ein: Bei geringfügigen Auseinandersetzungen begann er lediglich zu weinen oder besser gesagt, herzzerreißend zu schluchzen. Bei bedeutenderen Anlässen wandte er eine Zermürbungstaktik an, bis er seinen Wunsch erfüllt bekam; er verzog das Gesicht und verfiel in Schweigen, spielte nicht und weigerte sich zu essen: In weniger als einem Tag brachte er damit die Familie völlig aus der Fassung. In noch schwierigeren Fällen verlegte er sich auf zweierlei Taktiken: Entweder tat er, als hätte er rätselhafte Knochenschmerzen; Kopf- und Bauchschmerzen erschienen ihm weniger geeignet, bestand in dem Fall doch die

al ventre non sembrandogli consigliabili per il pericolo di purghe (e già nella scelta del male si rivelava la sua forse inconsapevole perfidia perché, a torto o a ragione, si pensava subito a una paralisi infantile). Oppure, e forse era il peggio, si metteva a urlare; dalla sua gola usciva, ininterrotto e immobile di tono, un grido estremamente acuto, quale noi adulti non sapremmo riprodurre, e che perforava il cranio. In pratica non era possibile resistere. Giorgio aveva ben presto partita vinta, con la doppia voluttà di venire soddisfatto e di vedere i grandi litigare, l'uno rinfacciando all'altro di aver fatto esasperare l'innocente.

Per i giocattoli Giorgio non aveva mai avuto una sincera inclinazione. Solo per vanità ne voleva molti e di bellissimi. Il suo gusto era di portare a casa due tre amici e di sbalordirli. Da un piccolo armadio, che teneva chiuso a chiave, estraeva ad uno ad uno, e in progressione di magnificenza, i suoi tesori. I compagni spasimavano di invidia. E lui si divertiva ad umiliarli. «No, non toccare tu che hai le mani sporche... Ti piace eh? Dà qua, dà qua, se no finisci per guastarlo... E tu, dimmi, te ne hanno regalato uno anche a te?» (ben sapendo che cosí non era). Dallo spiraglio della porta, genitori e nonni lo covavano teneramente con gli sguardi: «Che caro», sussurravano. «È proprio un omettino, ormai... Sentitelo come si stima! ... Eh, ci tiene lui ai suoi giocattoli, eh ci tiene all'orsacchiotto che gli ha regalato la sua nonna!» Quasi che l'essere geloso dei balocchi fosse per un bimbo una virtù straordinaria.

Basta. Un conoscente portò un giorno dall'America un giocattolo meraviglioso in dono a Giorgio. Era un «camion del latte», perfettissima riprodu-

Gefahr, einen Einlauf zu bekommen (bereits in der Wahl seiner Beschwerden offenbarte sich also seine möglicherweise unbewusste Bosheit, denn ob zu Recht oder Unrecht – alle dachten sofort an Kinderlähmung). Oder er fing an zu schreien – und das war vielleicht das Schlimmste; seiner Kehle entrang sich ein unglaublich schriller, langgezogener, alles durchdringender Schrei, den wir Erwachsenen unmöglich hervorbringen können und der einem durch Mark und Bein ging. Widerstand war praktisch unmöglich. Giorgio hatte schon bald das Spiel gewonnen – mit der doppelten Befriedigung, seinen Willen durchgesetzt zu haben und die Großen miteinander streiten zu sehen, wobei der eine dem anderen vorwarf, er habe das gute Kind gereizt.

An Spielzeug hatte Giorgio nie viel Freude gehabt. Einzig aus Eitelkeit wollte er viele und besonders schöne Spielsachen. Es machte ihm Spaß, Freunde nach Hause mitzubringen und in Staunen zu versetzen. Aus einem Schränkchen, das er stets mit einem Schlüssel abschloss, holte er immer neue großartigere Schätze hervor. Die Freunde verzehrten sich vor Neid. Und er genoss es, sie zu beschämen. «Nein, fass das mit deinen dreckigen Pfoten bloß nicht an … Das gefällt dir, hm? Los, gib her, du machst es noch kaputt … Und du, sag, hast du auch so eins geschenkt bekommen?» (obwohl er genau wusste, dass dies nicht der Fall war). Vom Türspalt aus bedachten ihn Eltern und Großeltern mit zärtlichen Blicken. «Unser lieber Kleiner», flüsterten sie. «Er ist schon ein richtiger kleiner Mann … Hört, wie selbstbewusst er ist … Ja, er liebt seine Spielsachen, oh ja, er liebt den Teddybär, den ihm die Großmutter geschenkt hat!» Als wäre die Eifersucht, mit der er seine Spielsachen hütete, eine bemerkenswerte kindliche Tugend.

Genug. Eines Tages brachte ein Bekannter ein herrliches Spielzeug aus Amerika mit und schenkte es Giorgio. Es war ein «Milchtransporter», die schlechterdings perfekte

zione degli autofurgoni construiti per quel servizio; verniciato di bianco e azzurro, coi due conducenti in uniforme che si potevano mettere e levare, le portiere anteriori che si aprivano, i pneumatici alle ruote; nell'interno, infilati uno sull'altro per mezzo di speciali guide, tanti canestrini di metallo, ciascuno contenente otto microscopiche bottiglie sigillate col tappo di stagnola. E sui fianchi due autentiche saracinesche a ghigliottina che, aprendosi, si arrotolavano proprio come quelle vere. Era senza dubbio il giocattolo più bello e singolare di quanti ne possedesse Giorgio, e probabilmente il più costoso.

Ebbene, un pomeriggio il nonno, colonnello in pensione, che in genere non sapeva che cosa fare dell'anima sua, passando dinanzi all'armadio dei giocattoli, tirò quasi per caso, come succede, la manopola dello sportello. Sentì che cedeva. Giorgio l'aveva chiuso a chiave come al solito, ma l'anta gemella, in cui il chiavistello si incastrava, per dimenticanza non era stata fissata coi catenacci in alto e in basso. E cosí entrambe si aprirono.

Disposti su quattro piani stavano qui in perfetto ordine i giocattoli, tutti ancora lucidi e belli perché Giorgio non li adoperava quasi mai. Giorgio era fuori con Ida, anche i genitori erano usciti, la nonna Elena lavorava a maglia nel salotto. Anna in cucina dormicchiava. La casa era quieta e silenziosa. Il colonnello si guardò alle spalle come un ladro. Poi, con un desiderio da lungo tempo vagheggiato, le sue mani si protesero al camion del latte che nella penombra risplendeva.

Il nonno lo collocò sul tavolo, si sedette e si accinse a esaminarlo. Ma c'è una legge arcana per cui se un bambino tocca di nascosto una cosa dei

Nachbildung jener zu diesem Zweck gebauten Lieferwagen; weiß und blau lackiert, mit zwei uniformierten Fahrern, die man hineinsetzen und herausnehmen konnte, mit Vordertüren, die sich öffnen ließen, und mit richtigen Gummireifen; im Innern waren, dicht an dicht in spezielle Schienen geschoben, viele kleine Metallbehälter, und jeder einzelne enthielt acht winzig kleine Flaschen mit Stanniolverschluss. Die Rollgitter auf beiden Wagenseiten ließen sich hochrollen wie bei einem richtigen Lieferwagen. Dies war zweifellos ein ganz besonderes Spielzeug, das schönste von allen, die Giorgio besaß, und wahrscheinlich auch das teuerste.

Doch eines Nachmittags geschah es. Der Großvater, ein pensionierter Oberst, der gewöhnlich nichts mit sich anzufangen wusste, ging am Spielzeugschrank vorbei und zog fast beiläufig, wie man es so tut, am Türgriff. Und siehe da, die Tür sprang auf. Giorgio hatte den Schrank zwar wie gewohnt abgeschlossen, jedoch vergessen, den zweiten Türflügel, in den sich der Riegel einhaken sollte, von innen zu verriegeln – oben und unten, wie es sich gehörte. Und so sprangen beide Türen auf.

Die Spielsachen standen in perfekter Ordnung in vier Fächern nebeneinander, alles noch funkelnagelneu und schön, weil Giorgio so gut wie nie damit spielte. Giorgio war mit Ida außer Haus, die Eltern ebenfalls, und die Großmutter Elena saß im Wohnzimmer und strickte. Anna machte in der Küche ein Nickerchen. Im ganzen Haus war es still und friedlich. Verstohlen wie ein Dieb blickte sich der Oberst um. Er gab einem lange gehegten Wunsch nach und griff mit beiden Händen nach dem Milchtransporter, der im Halbdunkel funkelte.

Der Großvater stellte ihn auf den Tisch, setzte sich und begann, ihn eingehender zu untersuchen. Einer geheimnisvollen Gesetzmäßigkeit zufolge geht ein Gegenstand

grandi, questa cosa subito si rompe e simmetricamente, toccato dai grandi, si rompe il giocattolo che pure il bambino aveva senza danni maneggiato per mesi con energia selvaggia. Non appena il nonno, con la delicatezza di un orologiaio, ebbe alzato una delle piccole saracinesche laterali, si udí un clic, un listello di latta verniciata schizzò fuori e il perno su cui la saracinesca si sarebbe dovuta avvolgere ciondolò senza più sostegno.

Col batticuore, il vecchio colonnello si affannò per rimettere le cose a posto. Ma le mani gli tremavano. E gli fu ben chiaro che con la sua nessuna abilità riparare il guasto era impossibile. Né si trattava di una avaria recondita, facile a venir dissimulata. Scardinato il perno, la saracinesca non chiudeva più, pendendo tutta sghemba.

Un disperato smarrimento prese colui che un giorno ai piedi del Montello aveva condotto i suoi cavalleggeri a una disperata carica contro le mitragliatrici degli austriaci. E un brivido gli percorse le vertebre al suono di una voce che pareva quella del giudizio universale. «Gesummaria, Antonio, cos'hai fatto?»

Il colonnello si voltò. Sulla soglia, immobile, sua moglie, Elena, lo fissava con le pupille dilatate. «L'hai rotto, di', l'hai rotto?»

«Macché, non è... ti dic... non è niente», mugolò il vecchio militare, annaspando con le mani nell'assurdo tentativo di sistemare la rottura. «E adesso? E adesso cosa fai?» incalzò la donna con affanno. «E quando Giorgio se ne accorge? Adesso cosa fai?» «L'ho appena toccato, ti giuro... doveva essere già rotto... Non ho fatto niente, io», cercò

aus der Erwachsenenwelt zu Bruch, wenn ein Kind ihn berührt, und umgekehrt zerbricht ein Spielzeug in den Fingern eines Erwachsenen, selbst wenn das Kind mit wildem Ungestüm monatelang damit gespielt hat, ohne dass etwas passiert wäre. Kaum also hatte der Großvater mit der Behutsamkeit eines Uhrmachers eines der seitlichen Rollgitter hochgezogen, machte es «klick». Eine der kleinen lackierten Blechlamellen löste sich aus der Halterung, und der Stift, um den sich das Gitter drehen sollte, fiel herunter.

Unter Herzklopfen beeilte sich der alte Oberst, alles wieder zu richten. Aber seine Hände zitterten. Und bald war ihm klar, dass er es aus eigener Kraft niemals schaffen würde, den Schaden zu beheben. Es handelte sich durchaus nicht um eine Kleinigkeit, die kaum ins Auge fiel und sich leicht vertuschen ließe. Da sich der Stift aus seiner Verankerung gelöst hatte, war auch das Rollgitter nicht mehr herunterzulassen, es hing schief.

Verzweiflung und Bestürzung befielen den Mann, der einst am Fuße des Montello seine leichte Kavallerie zu einem todesmutigen Einsatz gegen die Maschinengewehre der Österreicher geführt hatte. Und ein Schauder lief ihm über den Rücken, als eine Stimme wie beim Jüngsten Gericht donnerte: «Jesusmaria, Antonio, was hast du da angestellt?»

Der Oberst drehte sich um. In der Tür stand regungslos Elena, seine Frau, und sah ihn mit weit aufgerissenen Augen an. «Du hast es kaputt gemacht! Stimmt's?»

«Ach was, es ist … ich versichere dir … es ist nichts», stotterte der alte Soldat und mühte sich weiter sinnlos damit ab, den Schaden zu beheben. «Und jetzt? Was machst du jetzt?» bedrängte ihn die Frau voll Angst. «Wenn Giorgio es entdeckt? Was machst du jetzt?» «Ich habe es kaum berührt, das schwöre ich dir», versuchte sich der Oberst kläglich zu rechtfertigen; wenn er je mit ein klein wenig

miserabilmente di scusarsi il colonnello; e se mai si era illuso di trovare nella moglie una certa solidarietà morale, questa speranza venne meno tanta fu l'indignazione della vecchia: «Non ho fatto non ho fatto, mi sembri un pappagallo! ... Si sarà rotto da solo, si capisce! ... E fa qualcosa almeno, e muoviti, invece di stare là come uno stupido! ... Giorgio può essere qui da un momento all'altro... E chi ... (la voce le si ingorgava per la rabbia) ... e chi ti ha detto di aprire l'armadio dei giocattoli?»

Non occorreva altro perché il colonnello perdesse la testa del tutto. Purtroppo era domenica, impossibile trovare un operaio capace di riparare il camioncino. Intanto la signora Elena, quasi per non restare implicata nel delitto, se n'era andata. Il colonnello si sentí solo, abbandonato, nella ingrata selva della vita. la luce declinava. Tra poco notte, e Giorgio di ritorno.

Con l'acqua alla gola, il nonno allora corse in cucina in cerca di uno spago. Con lo spago, sfilato il tetto del camion, riuscí a fissare le estremità della saracinesca, cosí che restasse chiusa, pressapoco. Evidentemente essa non si poteva aprire più ma almeno dall'esterno non si notava nulla di anormale. Rimise il giocattolo al suo posto, chiuse l'armadio. Si ritirò nel suo studiolo. Appena in tempo. Tre lunghe scampanellate prepotenti annunciavano il ritorno del tiranno.

Se almeno la nonna avesse tenuto la bocca chiusa. Figurarsi. A ora di pranzo, tranne il piccolo, tutti erano al corrente del disastro comprese le donne di servizio. E anche un bambino meno astuto di Giorgio si sarebbe accorto che nell'aria c'era qualcosa di insolito e sospetto. Due o tre volte il colonnello

moralischer Unterstützung seiner Frau gerechnet hatte – jetzt schwand diese Hoffnung mit der wachsenden Empörung der Alten: «Ich hab nichts getan, ich hab nichts getan, du redest wie ein Papagei! ... Dann ist es wohl von allein kaputt gegangen! ... So tu doch was, beweg dich, anstatt hier herumzustehen wie ein Trottel! ... Giorgio kann jeden Augenblick hier sein ... Und wer ...» (ihre Stimme überschlug sich vor Zorn) «... wer hat überhaupt gesagt, dass du den Spielzeugschrank öffnen sollst?»

Es fehlte nicht viel, und der Oberst hätte vollends den Verstand verloren. Zu allem Unglück war Sonntag, unmöglich, einen Handwerker zu finden, der den Transporter reparieren konnte. Inzwischen war die Signora Elena gegangen, wie um nicht selbst in die Untat verwickelt zu werden. Der Oberst fühlte sich allein, im Stich gelassen im unwirtlichen Dickicht des Lebens. Die Dämmerung brach herein. Bald würde es Abend werden und Giorgio würde zurückkommen.

In seiner größten Not lief der Oberst in die Küche, um einen Bindfaden zu holen. Den zog er durch das Dach des Transporters; er band die Enden des Rollgitters fest, so dass es jetzt beinahe geschlossen blieb. Man konnte es zwar nicht mehr öffnen, aber zumindest auf den ersten Blick war nichts Ungewöhnliches zu sehen. Er stellte das Spielzeug an seinen Platz und schloss den Schrank. Dann zog er sich in sein Arbeitszimmer zurück. Gerade noch rechtzeitig. Drei lange nachdrückliche Klingelzeichen kündigten die Rückkehr des Tyrannen an.

Wenn nun wenigstens die Großmutter den Mund gehalten hätte. Aber nein. Zur Mittagszeit waren, bis auf den Kleinen, alle über das Unglück auf dem Laufenden, einschließlich der beiden Dienstmädchen. Auch ein Kind, das weniger gewitzt war als Giorgio, hätte gemerkt, dass etwas Außerordentliches und Verdächtiges in der Luft lag. Der Oberst

tentò di avviare una conversazione. Ma nessuno lo aiutava. «Cosa c'è?» domandò Giorgio con la sua naturale improntitudine. «Avete tutti la luna piena?» «Ah quest'è bella, abbiam la luna piena, abbiamo, ah ah!» fece il nonno, cercando eroicamente di voltare tutto in scherzo. Ma la sua risata si spense nel silenzio.

Il bambino non fece altre domande. Con sagacia addirittura demoniaca sembrò capire che il disagio generale si riferiva a lui; che l'intera famiglia, per qualche motivo ignoto, si sentiva in colpa: e che lui la teneva nelle mani.

Come fece a indovinare? Fu guidato dai trepidanti sguardi dei familiari che non lo lasciavano un istante? O ci fu qualche delazione? Fatto è che, terminato il pranzo, con un ambiguo sorrisetto Giorgio andò all'armadio dei giocattoli. Spalancò gli sportelli, restò un buon minuto in contemplazione quasi sapesse di prolungare cosí l'ansia del colpevole. Quindi, fatta la scelta, trasse dal mobile il camioncino e, tenendolo stretto sotto un braccio, andò a sedersi su un divano, donde fissava ad uno ad uno i grandi, sorridendo.

«Che cosa fai, Giorgino?» disse infine con voce spenta il nonno. «Non è ora di fare la nanna?» «La nanna?» fu la evasiva risposta del nipote che accentuò il ghigno beffardo. «E perché non giochi allora?» osò chiedere il vecchio, a quell'agonia sembrandogli preferibile una rapida catastrofe. «No», fece il bimbo dispettoso, «di giocare non ho voglia.» Immobile, aspettò circa mezz'ora, quindi annunciò: «Io vado a letto». E uscí col camioncino sotto il braccio.

Divenne una mania. Per tutto il giorno dopo, e

versuchte ein paar Mal, ein Gespräch in Gang zu bringen. Aber niemand ging auf ihn ein. «Was ist denn los?» fragte Giorgio in gewohnter Dreistigkeit. «Sind euch allen Läuse über die Leber gelaufen?» «Haha, das ist nett, Läuse über die Leber gelaufen, haha!» machte der Großvater in einem heroischen Versuch, die Sache ins Lächerliche zu ziehen. Aber sein Lachen erstarb im allgemeinen Schweigen.

Das Kind stellte keine weiteren Fragen. Mit fast teuflischem Scharfsinn schien es zu ahnen, dass das allgemeine Unbehagen etwas mit ihm zu tun hatte; dass die ganze Familie aus unbekanntemGrund von schlechtem Gewissen geplagt wurde – und dass er sie in der Hand hatte.

Wie hatte er das erraten? Lag es an den bangen Blicken der Angehörigen, die ihn keine Sekunde aus den Augen ließen? Oder hatte ihm jemand einen Wink gegeben? Jedenfalls ging Giorgio nach dem Mittagessen mit einem vielsagenden Lächeln auf den Spielzeugschrank zu. Er öffnete die Türen, blieb eine gute Minute nachdenklich davor stehen, als wüsste er, dass er dadurch die quälende Angst des Schuldigen noch steigerte. Als er seine Wahl getroffen hatte, zog er den Transporter heraus, klemmte ihn sich unter den Arm und setzte sich damit auf ein Sofa. Dann musterte er lächelnd nacheinander die Erwachsenen.

«Was machst du da, Giorgino?» fragte schließlich mit ersterbender Stimme der Großvater. «Ist es nicht Zeit für die Heia?» «Die Heia?» gab der Enkel abweisend zurück und schnitt eine höhnische Grimasse. «Aber warum spielst du dann nicht?» wagte der Alte zu fragen, dem ein großer Krach besser schien als diese Quälerei. «Nein», meinte der Kleine geringschätzig, «ich habe keine Lust zu spielen.» Reglos saß er eine gute halbe Stunde da, dann verkündete er: «Ich geh schlafen.» Und verschwand mit dem Transporter unterm Arm.

Es wurde zur Manie. Den ganzen nächsten und übernäch-

per l'altro successivo, Giorgio non si distaccò un istante dal veicolo. Perfino a tavola volle tenerselo accanto, come non aveva mai fatto prima per nessun balocco. Ma non giocava, non lo faceva andare, né mostrava alcuna voglia di guardare dentro.

Il nonno viveva sulle spine. «Giorgio», disse più di una volta, «ma perché ti porti sempre dietro il camioncino se poi non giochi? Che fissazione è questa? Su, vieni qua, fammi vedere le belle bottigliette!» Insomma, non vedeva l'ora che il nipotino scoprisse il guasto, succedesse poi quello che doveva succedere (non osando tuttavia confessare spontaneamente l'accaduto). Tanto gli pesava il tormento dell'attesa. Ma Giorgio era irremovibile. «No, non ho voglia. È mio o non è mio il camion? E allora lasciami stare.»

La sera, dopo che Giorgio era andato a letto, i grandi discutevano. «E tu diglielo!» diceva il padre al nonno, «piuttosto che continuare in questo modo! E tu diglielo! Non si vive più per questo maledetto camion!» «Maledetto?» protestava la nonna. «Non dirlo neanche per scherzo... il giocattolo che gli è più caro di tutti. Povero tesoro!» Il papà non le badava: «E tu diglielo!» ripeteva esasperato. «Avrai il coraggio, tu che hai fatto due guerre, avrai il coraggio, no?»

Non ce ne fu bisogno. Il terzo giorno, comparso Giorgio col suo camioncino, il nonno non seppe trattenersi: «Su, Giorgio, perché non lo fai andare un poco? Perché non giochi? Mi fai senso, sempre con quel coso sotto il braccio!» Allora il bambino si ingrugnò come al delinearsi di un capriccio (era sincero o faceva tutta una commedia?). Poi si mise a gridare, singhiozzando:

sten Tag trennte sich Giorgio keinen Augenblick von dem Transporter. Selbst bei Tisch wollte er ihn neben sich haben, was noch bei keinem anderen Spielzeug vorgekommen war. Aber er spielte nicht, er fuhr nicht damit herum und machte auch keine Anstalten, ihn genauer zu untersuchen.

Der Großvater saß auf glühenden Kohlen. «Giorgio», sagte er mehr als einmal, «warum trägst du den Transporter eigentlich immer mit dir herum, wenn du nicht damit spielst? Was ist das für eine fixe Idee? Los, komm her, zeig mir die schönen kleinen Fläschchen!» Kurzum, er konnte gar nicht erwarten, dass der Enkel den Schaden entdeckte und dass kam, was kommen musste (obwohl er es nicht wagte, von sich aus ein Geständnis abzulegen). Die quälende Warterei zermürbte ihn. Aber Giorgio war unbeugsam. «Nein, ich habe keine Lust. Ist es mein Transporter oder nicht? Also lass mich in Ruhe.»

Abends, wenn Giorgio zu Bett gegangen war, besprachen sich die Erwachsenen. «Sag es ihm doch endlich!» drängte der Vater den Großvater, «das ist besser, als so weiterzumachen! Sag es ihm doch! Dieser verdammte Transporter bringt uns noch um!» «Verdammt?» protestierte die Großmutter. «Sag das nicht, auch nicht zum Spaß … dieses Spielzeug ist ihm das allerliebste. Mein armer Liebling!» Aber der Papa beachtete sie nicht. «Los, sag es ihm!» wiederholte er entnervt. «Du traust dich doch, du hast in zwei Kriegen gekämpft, du traust dich doch, oder?»

Aber das war gar nicht nötig. Am dritten Tag, als Giorgio mit seinem Transporter unterm Arm auftauchte, konnte der Großvater nicht länger an sich halten: «Los, Giorgio, fahr doch ein bisschen damit herum. Warum spielst du eigentlich nicht damit? Was soll das, immer mit diesem Ding unterm Arm!» Da schmollte der Junge wie immer, wenn es eine seiner Launen hatte (war es ihm ernst oder spielte er nur Theater?). Dann aber fing er an zu schreien und zu schluch-

« Io ne faccio quel che voglio del mio camion, io ne faccio ! E finitela di tormentarmi. L'avete capito o no che basta? ... Io lo fracasso se mi piace. Io ci pesto sopra i piedi... Là... là, guarda ! » Con le due mani alzò il giocattolo e di tutta forza lo scaraventò per terra, poi coi calcagni gli saltò sopra, sfondandolo. Divelto il tetto, il camioncino si schiantò e le bottigliette si sparsero per terra.

Qui Giorgio all'improvviso si arrestò, cessò di urlare, si chinò a esaminare una delle due pareti interne del veicolo, afferrò un'estremità del clandestino spago messo dal nonno alla saracinesca. Inviperito, si guardò intorno, livido: « Chi? » balbettò. « Chi è stato? Chi ci ha messo le mani? Chi l'ha rotto? »

Si fece avanti il nonno, il vecchio combattente, un poco chino. « O Giorgino, anima mia », supplicò la mamma. « Sii buono. Il nonno non l'ha fatto apposta, credi. Perdonagli. Giorgino mio ! »

Intervenne anche la nonna: « Ah, no, creatura, hai ragione tu... Fagli totò al brutto nonno che ti rompe tutti i giocattoli... Povero innocente. Gli rompono i giocattoli e poi ancora vogliono che sia buono, poverino. Fagli totò al brutto nonno ! »

Di colpo Giorgio ritornò tranquillo. Guardò lentamente le facce ansiose che lo circondavano. Il sorriso gli ricomparve sulle labbra.

« L'ho detto io », fece la mamma; « l'ho sempre detto che è un angelo ! Ecco che Giorgio ha perdonato al nonno ! Guardatelo, che stella ! »

Ma il bimbo li esaminò ancora ad uno ad uno; il padre, la mamma, il nonno, la nonna, le due

zen: «Ich mache mit meinem Transporter, was ich will! Hört endlich auf, mich zu piesacken. Es reicht, ist das endlich klar? … Ich mache ihn kaputt, wenn ich Lust dazu habe. Ich trample mit den Füßen drauf rum … Da … da … schaut her!» Und er hob das Spielzeug mit beiden Händen in die Höhe und schmetterte es mit aller Kraft zu Boden, dann stampfte er mit beiden Füßen darauf herum. Nachdem das Dach abgesprungen war, brach der Transporter entzwei, und die Fläschchen kullerten über den Boden.

Da plötzlich hielt Giorgio inne. Er hörte auf zu brüllen, beugte sich hinunter, um eine der Innenwände des Transporters zu untersuchen, und entdeckte das eine Ende des Bindfadens, den der Großvater heimlich an das Rollgitter gebunden hatte. Wutentbrannt und kreidebleich blickte Giorgio in die Runde. «Wer…», stammelte er. «Wer war das? Wer hat ihn angefasst? Wer hat ihn kaputt gemacht?»

Da trat der Großvater vor, der alte Kämpfer, den Rücken leicht gebeugt. «Ach Giorgino, mein Kleiner», flehte die Mama. «Sei ihm bitte nicht böse. Der Großvater hat es doch nicht absichtlich getan, glaub mir. Verzeih ihm, mein Giorgino!»

Aber auch die Großmutter mischte sich ein: «Oh nein, mein Kleiner, du hast vollkommen recht… Der böse Opa, der alle deine Spielsachen kaputt macht, hat eine Tracht Prügel verdient… Armes unschuldiges Kindchen. Sie machen dir deine Spielsachen kaputt und dann verlangen sie, dass du brav bist, du Ärmster. Der böse Opa hat eine Tracht Prügel verdient!»

Da wurde Giorgio ganz still. Langsam blickte er in die besorgten Gesichter ringsum. Sein Lächeln kehrte zurück.

«Hab ich's nicht gesagt», rief die Mama, «ich habe immer gesagt, er ist ein Engel! Giorgio hat dem Großvater verziehen! Seht es euch an, unser Goldkind!»

Aber der Kleine musterte einen nach dem anderen; Vater, Mutter, Großmutter, Großvater, die beiden Hausmädchen.

cameriere. « E guardàtelo che stella… e guardàtelo che stella ! … », cantarellò, facendo il verso. Diede un calcio alla carcassa del camioncino che andò a sbattere nel muro. Poi si mise freneticamente a ridere. Rideva da spaccarsi. « E guardàtelo che stella ! » ripeté beffardo, uscendo dalla stanza. Terrificati, i grandi tacquero.

« Seht es euch an, unser Goldkind … seht es euch an, unser Goldkind ! … », äffte er den Singsang nach. Dabei versetzte er dem Transporter einen kräftigen Fußtritt, so dass er gegen die Wand donnerte, und fing an, wie besessen zu lachen. Er bog sich vor Lachen. « Seht es euch an, unser Goldkind ! » wiederholte er höhnisch und verließ das Zimmer. Die Erwachsenen waren vor Schreck verstummt.

Vecchio facocero

Occorre considerare la psicologia del vecchio facocero. Giunto a una certa età, il cinghiale africano spesso è portato a considerare con disdegno le miserie della vita. Le gioie della famiglia si appannano, i facocerini irrequieti e famelici, sempre tra i piedi, divengono un continuo fastidio; e non parliamo della invadente alterigia dei giovanotti ormai fatti, convinti che il mondo e le femmine siano tutti per loro.

Adesso lui crede di essersene andato a vivere da solo per impulso spontaneo, di avere raggiunto il vertice della maestà belluina, vuol convincersi di essere felice. Eppure guardatelo come si aggira irrequieto tra le stoppie, come ogni tanto annusa l'aria sorpreso da improvvise memorie e come risulta sfavorevolmente asimmetrico nel grande quadro della natura che ha fatto tutte le vite a due a due. In realtà ti hanno cacciato via dalla tua famiglia patriarcale, vecchio facocero, perché eri diventato scorbutico e pretenzioso; i giovani avevano perduto ritegno, ti davano colpi di zanna per spingerti da parte, e le donne hanno lasciato fare, segno che anch'esse ne avevano di te abbastanza. Cosí per giorni e giorni, fino a che tu li hai abbandonati al loro destino.

Eccolo qui, nel mezzo della piana di Ibad, mentre si avvicina la sera, intento a spilluzzicare entro una specie di vecchio canneto secco. E attorno non c'è nulla, eccezion fatta per la desolazione del piatto deserto, con aridi termitai qua e là, e qualche piccolo misterioso cono nerastro fior di terra. Verso il

Altes Warzenschwein

Man bedenke einmal die Seelenverfassung eines alten Warzenschweins. In einem bestimmten Alter betrachtet das afrikanische Wildschwein das Elend des Daseins oft nur noch mit Verachtung. Die Familienfreuden trüben sich, die Kleinen, unruhig und hungrig, laufen ihm immerzu zwischen den Beinen herum und sind ihm ein ständiges Ärgernis; ganz zu schweigen von der zudringlichen Arroganz der jungen Männer, die es zu etwas gebracht haben und überzeugt sind, dass die Welt und die Frauen ihnen gehören.

Da glaubt es nun, aus freiem Entschluss in die Einsamkeit gegangen zu sein und den Gipfel der tierischen Erhabenheit erklommen zu haben; es will sich einreden, dass es glücklich ist. Aber seht euch an, wie es ruhelos zwischen den Stoppelfeldern umherstreift, wie es, von Erinnerungen überwältigt, immer wieder in die Luft schnuppert, und wie es im großen Reigen der Natur, die alles Leben paarweise geschaffen hat, so kläglich asymmetrisch da steht. In Wahrheit haben sie dich aus deiner patriarchalen Familie ausgestoßen, altes Warzenschwein, weil du griesgrämig und anmaßend geworden bist; die Jungen haben jede Zurückhaltung verloren und dich mit den Hauern weggestoßen, und die Damen haben es zugelassen – ein Zeichen, dass es ihnen reicht. So ging es Tag um Tag, bis du sie schließlich ihrem Schicksal überlassen hast.

Da stehst du nun also in der Ebene von Ibad, während der Abend hereinbricht, und knabberst an irgenwelchen alten verdorrten Schilfstengeln. Rings herum nichts, nur die Trostlosigkeit der leeren Wüste, hier und da ein paar trockene Termitenhügel und ein kleiner geheimnisvoller schwärzlicher Erdkegel. Im Süden freilich, aber in

sud, tuttavia, si posson scorgere alcune montagne, veramente troppo lontane; ma sconsigliamo dal crederci, probabilmente si tratta di parvenze vuote, nate solo dal desiderio. Del resto lui non le vede perché gli occhi dei facoceri sono diversi dai nostri. Invece poiché il sole discende, il verro scruta soddisfatto la propria ombra farsi di minuto in minuto più oblunga; e avendo poca memoria, come succede ogni sera, monta in superbia, per l'illusione di essere diventato grande in modo meraviglioso.

No, non è specialmente grande rispetto ad altri giovani compagni, ma in un certo senso è magnifico, lui che è una delle bestie più brutte del mondo. Perché l'età gli ha generosamente allungato le zanne, gli ha donato una importante criniera di setole gialle, gli ha inturgidito le quattro verruche ai lati del muso, lo ha trasformato in un mostro corporeo di favola, inerme pronipote dei draghi. In lui ora si esprime l'anima stessa della selva, un incanto di tenebre, protetto da antiche maledizioni. Ma nella testa immonda dovrà pur esserci un barlume di luce, sotto il pelame scabro una specie di cuore.

Un cuore che si è messo a battere essendo nel pieno deserto comparso una sorta di mostro nuovissimo e nero; il quale mugola lievemente e si avvicina in modo strano, né correndo né strisciando, come non si era mai visto. Questo mostro è grandissimo, forse più alto di un gazzellone, ma il facocero aspetta, fermo, e lo guarda con intenzioni malvage (benché tutt'attorno, dalle solitudini, stia nascendo un avverso presagio).

Anche la nostra automobile si è adesso arrestata.

«Che cosa guardi?» faccio al compagno. «Perché hai fermato? Non vedi che è un bue?»

sehr weiter Ferne, sind Berge zu sehen; doch glaub das nur ja nicht, wahrscheinlich sind es nur Fantasiegebilde, aus Sehnsucht geboren. Außerdem sieht ein Warzenschwein nicht besonders gut, denn seine Augen sind anders als die unsrigen. Während die Sonne untergeht, stellt der Eber jedoch zufrieden fest, dass sein eigener Schatten von Minute zu Minute länger wird; und da sein Gedächtnis kurz ist, wächst sein Stolz, wie jeden Abend, ins Unermessliche, bildet er sich doch ein, er sei auf wundersame Weise gewachsen.

Nein, es ist nicht sonderlich groß, verglichen mit anderen, jungen Gefährten; aber in gewissem Sinn ist es erhaben, das Warzenschwein, eines der hässlichsten Tiere auf Erden. Denn das Alter hat ihm großzügig die Hauer verlängert und ihm eine eindrucksvolle Mähne aus gelben Borsten gegeben, hat ihm die vier Warzen im Gesicht anschwellen lassen und es in ein leibhaftiges Fabelwesen verwandelt, einen wehrlosen Abkömmling der Drachen. Es verkörpert nunmehr die Seele des Waldes, den Zauber der Finsternis, gepanzert mit uralten Verwünschungen. Aber in seinem abstoßenden Kopf leuchtet wohl dennoch ein Lichtschimmer, und unter dem rauhen Fell klopft so etwas wie ein Herz.

Ein Herz, das nun anfängt, heftig zu schlagen, als inmitten der Wüste ein neuartiges schwarzes Ungetüm auftaucht, das leise winselt und auf eigentümliche, nie gesehene Weise näher rückt – weder läuft es noch kriecht es. Dieses Ungeheuer ist riesengroß, größer als ein Gazellenbock, aber das Warzenschwein wartet, ruhig, und betrachtet es misstrauisch (denn die Ödnis lässt überall böse Ahnungen aufkeimen).

Auch unser Wagen ist jetzt stehen geblieben.

«Was schaust du?» frage ich meinen Begleiter. «Warum hast du gehalten? Siehst du nicht, dass es ein Ochse ist?»

«Anche a me pareva», dice lui «ma è un facocero, invece. Aspetta che sparo.»

Lo strano mostro che mugola si è taciuto ed è fermo, apparentemente privo di vita. Eppure il facocero ha sentito di improvviso un colpo tremendo; poi un rumore secco e sinistro come di antico albero che crolli, o di certe frane. «Bravo, perdio, l'hai preso!» grido io. «Guarda come si rivolta per terra, guarda che polverone!»

Proprio cosí: attraverso i resti del vecchio canneto, il bestione è stato visto compiere una specie di capriola e rotolarsi in furore. «Macché» fa il mio compagno. «Non vedi che scappa?»

Fugge infatti il cinghiale, con la zampa posteriore destra spezzata. Assume un piccolo trotto ostinato, in direzione di est, allontanandosi dal sole morente, quasi timoroso di questa siderale allusione. E il mostro metallico riprende il mugolío di prima, si mette a corrergli dietro, né guadagnando né perdendo terreno, per via di certi ciuffi di erba morta che ostacolano il cammino.

Ora lui è solo e perduto. Né dal cielo vuoto, né dagli ermetici termitai, né da alcuna parte della terra potrà venire il soccorso. La sua ombra personale lo precede, trottando di conserva, sempre più mostruosa ed ambigua; ma oramai essa non serve, l'orgoglio di poco fa gocciola fuori, col sangue, dalla ferita, e resta seminato per via.

Ed ecco, ma quanto lontana, al limite di congiunzione fra terra e cielo, mentre la luce lentamente declina, ecco una striscia scura, le acacie spinose, il fiume. Laggiù sono gli altri, lui lo sa bene, tutta la patriarcale famiglia, le mogli, i giovanotti brutali, gli antipatici facocerini. Oh, è inutile negare, forse

«Schien mir erst auch so», sagt er, «aber es ist ein Warzenschwein. Warte, ich schieße.»

Der seltsame winselnde Unhold ist verstummt und ist stehen geblieben, offenbar leblos. Das Warzenschwein aber hat einen furchtbaren Schlag abbekommen; dann ein hartes und unheimliches Geräusch wie von einem morschen einstürzenden Baum oder wie manchmal bei einem Erdrutsch. «Bravo, Donnerwetter, du hast getroffen!» rufe ich. «Sieh mal, wie es zu Boden stürzt. Dieser Staub!»

Und wirklich: Über das alte Schilfröhricht hinweg vollführte das Tier eine Art Luftsprung und wälzte sich wie in Raserei. «Ach was!» meint mein Begleiter. «Siehst du nicht, es haut ab!»

Tatsächlich, mit zerschmettertem rechtem Hinterbein nimmt das Wildschwein Reißaus. Es fällt in einen kleinen beharrlichen Trott Richtung Osten, weg von der sterbenden Sonne, als fürchte es diese siderische Anspielung. Und der metallene Unhold fängt wieder an zu winseln, setzt dem Tier nach, ohne es einzuholen, aber auch ohne zurückzufallen, über vertrocknete Grasbüschel, die das Vorwärtskommen erschweren.

Allein und verloren ist es jetzt. Weder vom leeren Himmel noch von den undurchdringlichen Termitenhügeln noch von sonst einem Teil der Erde kann Hilfe kommen. Sein Schatten geht ihm voraus, trottet mit ihm weiter, immer riesenhafter und unschärfer; aber dieser Schatten nützt nun nichts mehr, der Stolz von vorhin tröpfelt mit dem Blut aus der Wunde und markiert den Weg.

Dort, in weiter Ferne, wo Erde und Himmel sich vereinigen und das Licht langsam erlischt, erscheint ein dunkler Streifen: die Stachelakazien, der Fluss. Dort unten sind die anderen, das Warzenschwein weiß es genau, dort ist die ganze patriarchalische Familie, die Gattinnen, sind die grausamen jungen Männer, die unangenehmen Kleinen. Ach,

senza che se ne rendesse ben conto, anche nei giorni scorsi lui ha continuato a seguirli, a distanza, curando di non farsi vedere. Ed è ridicolo, certo, ma lui provava piacere ad annusare le loro peste recenti, a riconoscere le orme di questo o di quello; ecco, qui devono essersi azzuffati, là hanno fatto scorpacciata di radici, non me ne hanno lasciata neppura una. Reietto, non aveva potuto staccarsi, non era stato capace di vivere solo, presuntuoso, vecchio, e adesso l'unica speranza superstite deriva ancora da loro.

Ma una seconda fucilata l'ha preso a metà di una coscia, il sole tra poco affonderà sotto terra e dal fiume troppo lontano si avanzano a imbuto tetri abissi di buio. Vediamo, dall'automobile, che il suo trotto si è fatto in un certo senso svogliato e pesante, come se l'istinto ancora lo traesse alla fuga, ma non più sincera velleità di vita. Il deserto del resto sembra divenire semper più sterminato, allontanandosi anziché approssimarsi il verde segno del fiume.

Io dico al compagno: «Guarda, si è fermato, è stanco. Fatti sotto, ci sono ancora pochi minuti di luce.» E siccome noi possiamo continuare la strada (su di noi nessuno ha sparato a tradimento colpi di Mauser con pallottole dilaceranti) siccome noi ci avviciniamo, il facocero comincia a farsi più grande, scorgiamo finalmente il laido volto, le orecchie irte di setole, la molto nobile criniera. Esso è immobile, in piedi e ci guarda con due occhi a spillo. Deve essere oramai esausto, ma può darsi anche sia stato un solingo dio dancalo a trattenerlo, col vitreo scettro di sale, rimproverandogli la viltà della fuga.

sinnlos, es zu leugnen, denn auch in den vergangenen Tagen ist ihnen das Warzenschwein, vielleicht ohne sich dessen bewusst zu sein, aus der Ferne gefolgt, stets darauf bedacht, nicht entdeckt zu werden. Und so lächerlich es klingt: Es hat ihm Spaß gemacht, ihren frischen Fährten nachzuschnüffeln, die Spuren des einen oder anderen zu erkennen; hier müssen sie gerauft haben, dort haben sie sich an Wurzeln satt gefressen, ohne mir auch nur eine einzige übrig zu lassen. Obzwar ein Ausgestoßener, hatte er sich doch nicht trennen können, war er unfähig gewesen, allein zu leben, der hochmütige Alte, und noch jetzt sind die anderen Warzenschweine seine einzige Hoffnung.

Aber ein zweiter Schuss hat das Warzenschwein in den Schenkel getroffen, bald wird die Sonne unter die Erde sinken, und aus dem Fluss in allzu weiter Ferne werden trichterförmig schaurige Abgründe von Dunkelheit aufsteigen. Vom Auto aus sehen wir, dass der Trott des Wildschweins irgendwie lustlos und schwerfällig geworden ist, als würde es zwar vom Instinkt, nicht aber von echtem Lebenswillen zur Flucht angetrieben. Außerdem scheint die Wüste sich ins Unermessliche zu dehnen und das grüne Band des Flusses zurückzuweichen statt näher zu rücken.

«Sieh mal», sage ich zu meinem Begleiter, «es ist stehen geblieben, es ist müde. Beeil dich, es bleibt nur noch ein paar Minuten hell.» Da wir unseren Weg fortsetzen können (uns hat niemand mit zerfetzenden Gewehrkugeln beschossen), da wir näher kommen, wird das Warzenschwein immer größer, schließlich erkennen wir sein hässliches Gesicht, die Ohren mit den stacheligen Borsten, die wahrhaft edle Mähne. Reglos steht es da und sieht uns mit seinen Stecknadel-Augen an. Es muss jetzt erschöpft sein; aber vielleicht ist es auch von einem einsamen danakilischen Gott angehalten worden, der ihm mit seinem gläsernen Szepter aus Salz die Feigheit der Flucht zum Vorwurf gemacht hat.

La canna dello schioppo è già stata disposta secondo l'esatta linea di mira; a questa breve distanza sbagliare sarebbe impossibile, il dito indice si appoggia all'incavo del grilletto. Ed allora (mentre i draghi della notte sopraggiungevano dalle spente caverne d'oriente con la precipitazione di chi teme d'arrivare in ritardo) allora lo vedemmo volgere lentamente il muso in direzione del sole, di cui restava sopra il deserto soltanto una piccola fetta purpurea. C'era una pace immensa e ci nacque l'immagine di una villa ottocentesca alla medesima ora, con le vetrate già accese e affacciata una vaga figurina di donna che tra echi di musica mandasse un sospiro, mentre i cani viziati chiacchierano al cancello del giardino su aneddoti nobiliari e di caccia.

Il mugolío del motore si spense e forse allora, per misericordioso fiato di vento, giunse al facocero la voce dei compagni liberi e felici, rintanati sulle rive del fiume. Era però troppo tardi. Intorno a lui stava per calare l'estremo sipario. Né gli restava più nulla se non dare uno sguardo al sole residuo, come positivamente fece; non già per sentimentali rimpianti, né per succhiarne con gli occhi l'ultima luce; solo per chiamarlo a testimone dell'ingiustizia che si compiva.

Quando tacque il colpo della fucilata, esso giaceva sul fianco sinistro, con gli occhi già chiusi, le zampe abbandonate. Sotto i nostri occhi – in alto accendevansi le prime stelle – esalò gli ultimi respiri: due borbottii profondi da vecchio, commisti ai rigurgiti sanguigni. E non successe nulla, non il più sottile spirito si involò dal mostro defunto per navigare nei cieli, neppure una minuscola bollicina. Perché il sapientissimo Geronimo, che di queste

Der Gewehrlauf befindet sich genau in der Zielgeraden; auf diese kurze Distanz ist es unmöglich, das Ziel zu verfehlen, der Zeigefinger legt sich in die Krümmung des Abzugs. Und da (während die Drachen der Nacht mit der Hast derer, die fürchten, zu spät zu kommen, aus den erloschenen Höhlen des Ostens auftauchten), sahen wir, wie das Warzenschwein sein Gesicht langsam der Sonne zuwandte, von der nur noch noch ein kleiner purpurroter Streifen über der Wüste zu sehen war. Es herrschte ein unendlicher Frieden, wie er über einer Villa des neunzehnten Jahrhunderts liegen mag: Die Tageszeit ist dieselbe, die Fenster sind schon erleuchtet; man sieht vage die Gestalt einer Frau, die, einer Melodie nachsinnend, einen Seufzer ausstößt, während sich die verhätschelten Hunde am Gartentor Jagdgeschichten aus der Adelsgesellschaft erzählen.

Das Winseln des Motors erstarb. In diesem Augenblick, begünstigt vielleicht durch einen barmherzigen Windstoß, erreichten das Warzenschwein die Stimmen seiner freien und glücklichen Gefährten, die am Ufer des Flusses Schutz suchten. Aber es war zu spät. Soeben fiel für ihn der letzte Vorhang. Ihm blieb nur ein Blick auf den letzten Sonnenstreif; das Warzenschwein blickte hinauf, nicht aus sentimentaler Erinnerung, auch nicht, um mit den Augen das versickernde Licht aufzusaugen; sondern nur, um die Sonne zum Zeugen für das Unrecht anzurufen, das hier geschah.

Als der Gewehrschuss verhallt war, war das Warzenschwein bereits auf die linke Flanke gesunken; die Augen waren geschlossen, die Beine schlaff. Vor unseren Augen – oben glitzerten schon die ersten Sterne – tat es seine letzten Atemzüge: zwei tiefe greisenhafte Grunzer, dazu das ausströmende Blut. Nichts geschah, nicht der Hauch eines Geistes erhob sich aus dem toten Tier, um in den Himmel aufzusteigen, nicht einmal ein winziges Bläschen. Denn der weise Hieronymus, ein Spezialist in diesen Fra-

cose se ne intende, è disposto ad ammettre un'anima, sia pure rudimentale, al leone, all'elefante e ai più eletti carnivori; nei giorni di ottimismo si mostra benevolmente disposto perfino col pellicano, ma col facocero mai, assolutamente: per quanto insistessimo, egli ha sempre rifiutato di concedergli il privilegio di una seconda vita.

gen, gesteht dem Löwen, dem Elefanten und ausgewählten Fleischfressern eine wenn auch nur rudimentäre Seele zu; an Tagen besonders guter Laune ist er sogar dem Pelikan zugetan. Dem Warzenschwein nicht, niemals; so nachdrücklich wir auch darauf pochen, er hat es stets abgelehnt, ihm das Vorrecht eines zweiten Lebens zuzubilligen.

Qualcosa era successo

Il treno aveva percorso solo pochi chilometri (e la strada era lunga, ci saremmo fermati soltanto alla lontanissima stazione d'arrivo, cosí correndo per dieci ore filate) quando a un passaggio a livello vidi dal finestrino una giovane donna. Fu un caso, potevo guardare tante altre cose invece lo sguardo cadde su di lei che non era bella né di sagoma piacente, non aveva proprio niente di straordinario, chissà perché mi capitava di guardarla. Si era evidentemente appoggiata alla sbarra per godersi la vista del nostro treno, superdirettissimo, espresso del nord, simbolo per quelle popolazioni incolte, di miliardi, vita facile, avventurieri, splendide valige di cuoio, celebrità, dive cinematografiche, una volta al giorno questo meraviglioso spettacolo, e assolutamente gratuito per giunta.

Ma come il treno le passò davanti lei non guardò dalla nostra parte (eppure era là ad aspettare forse da un'ora) bensí teneva la testa voltata indietro badando a un uomo che arrivava di corsa dal fondo della via e urlava qualcosa che noi naturalmente non potemmo udire: come se accorresse a precipizio per avvertire la donna di un pericolo. Ma fu un attimo: la scena volò via, ed ecco io mi chiedevo quale affanno potesse essere giunto, per mezzo di quell'uomo, alla ragazza venuta a contemplarci. E stavo per addormentarmi al ritmico dondolio della vettura quando per caso – certamente si trattava di una pura e semplice combinazione – notai un conta-

Etwas war geschehen

Der Zug hatte erst wenige Kilometer zurückgelegt (und der Weg war lang, erst nach zehnstündiger ununterbrochener Fahrt sollten wir am weit entfernten Zielbahnhof ankommen), als ich, aus dem Fenster schauend, eine junge Frau bemerkte, die an einem Bahnübergang stand. Es war reiner Zufall, ich hätte auch vieles andere sehen können, aber mein Blick fiel auf diese Frau, die weder schön war noch von anmutiger Gestalt, sie hatte eigentlich nichts Außergewöhnliches, wer weiß, warum ausgerechnet sie mir auffiel. Sie hatte sich auf die Schranke gestützt, offenbar um den Anblick unseres Zuges zu genießen, eines Super-D-Zugs, des Nordexpress, der für diese einfache Bevölkerung das Symbol für Reichtum, unbeschwertes Leben, Abenteurer, feine Lederkoffer, Berühmtheit und Filmdiven darstellte – einmal am Tag war dieses großartige Schauspiel zu bewundern, noch dazu vollkommen gratis.

Aber als der Zug an ihr vorbeifuhr, sah sie nicht in unsere Richtung (obwohl sie vielleicht schon seit einer Stunde wartete), sondern hatte den Kopf nach hinten gedreht und ihre Aufmerksamkeit auf einen Mann gerichtet, der die Straße entlanggelaufen kam und etwas rief, das wir natürlich nicht hören konnten: als wäre er Hals über Kopf herbeigeeilt, um die Frau vor einer Gefahr zu warnen. Aber es war nur der Eindruck eines Augenblicks. Die Szene flog vorüber, und ich fragte mich, welche schmerzliche Nachricht dem Mädchen, das gekommen war, um uns zu sehen, durch diesen Mann überbracht worden sein könnte. Der wiegende Rhythmus des Eisenbahnwagens machte mich schläfrig, als ich zufällig – gewiss handelte es sich um einen reinen banalen Zufall – einen Bauern bemerkte, der auf einem Mäuerchen stand und in Richtung der Felder etwas rief, wobei er

dino in piedi su un muretto che chiamava chiamava verso la campagna facendosi delle mani portavoce. Fu anche questa volta un attimo perché il direttissimo filava eppure feci in tempo a vedere sei sette persone che accorrevano attraverso i prati, le coltivazioni, l'erba medica, non importa se la calpestavano, doveva essere una cosa assai importante. Venivano da diverse direzioni chi da una casa, chi dal buco di una siepe, chi da un filare di viti o che so io, diretti tutti al muricciolo con sopra il giovane chiamante. Correvano, accidenti se correvano, si sarebbero detti spaventati da qualche avvertimento repentino che li incuriosiva terribilmente, togliendo loro la pace della vita. Ma fu un attimo, ripeto, un baleno, non ci fu tempo per altre osservazioni.

Che strano, pensai, in pochi chilometri già due casi di gente che riceve una improvvisa notizia, cosí almeno presumevo. Ora, vagamente suggestionato, scrutavo la campagna, le strade, i paeselli, le fattorie, con presentimenti ed inquietudini.

Forse dipendeva da questo speciale stato d'animo, ma più osservavo la gente, contadini, carradori, eccetera, più mi sembrava che ci fosse dappertutto una inconsueta animazione. Ma sí, perché quell'andirivieni nei cortili, quelle donne affannate; quei carri, quel bestiame? Dovunque era lo stesso. A motivo della velocità era impossibile distinguere bene eppure avrei giurato che fosse la medesima causa dovunque. Forse che nella zona si celebravan sagre? Che gli uomini si disponessero a raggiungere il mercato? Ma il treno andava e le campagne erano tutte in fermento,

die Hände trichterförmig an den Mund legte. Auch diesmal war es nur ein Augenblick, weil der Zug vorbeibrauste, aber ich konnte gerade noch sechs, sieben Personen sehen, die über die Wiesen, die bestellten Äcker und Luzernenfelder herbeieilten und sie achtlos zertrampelten. Es musste etwas außerordentlich Bedeutsames geschehen sein. Sie kamen aus verschiedenen Richtungen, einer aus einem Haus, ein anderer aus einem Heckendurchschlupf, wieder ein anderer aus einer Rebzeile oder sonstwoher, und alle strebten auf das Mäuerchen zu, auf dem der junge Mann stand und rief. Sie rannten, aber – Himmel! – wenn sie so rannten, mussten sie von einem gänzlich unerwarteten Ereignis erschreckt worden sein, das auf furchtbare Weise ihre Neugier geweckt und ihnen den Frieden ihres Lebens geraubt hatte. Aber es war, ich wiederhole es, nur ein Augenblick, alles ging blitzschnell, für weitere Beobachtungen blieb keine Zeit.

Merkwürdig, dachte ich, im Abstand von wenigen Kilometern schon zweimal Menschen, die eine überraschende Nachricht trifft; das jedenfalls nahm ich an. Aufmerksam geworden, ließ ich ahnungsvoll und voller Unruhe meinen Blick über das Land, die Straßen, die Dörfchen, die Gehöfte schweifen.

Vielleicht war es diesem besonderen Gemütszustand zuzuschreiben, aber je genauer ich die Leute beobachtete – Bauern, Fuhrleute und so weiter –, desto mehr schien mir, als herrsche überall eine ungewohnte Betriebsamkeit. Aber warum? Warum bloß diese Geschäftigkeit auf den Höfen, diese atemlosen Frauen, diese Karren, dieses Vieh? Überall das Gleiche. Wegen der Fahrgeschwindigkeit war es unmöglich, alles genau zu erfassen, aber ich hätte schwören mögen, der Auslöser sei überall derselbe. Wurde in dieser Gegend vielleicht Kirchweih gefeiert? Oder waren die Leute unterwegs zum Markt? Doch der Zug fuhr und fuhr, und auch in den anderen Gegenden herrschte Aufruhr, überall

a giudicare dalla confusione. E allora misi in rapporto la donna del passaggio a livello, il giovane sul muretto, il viavai dei contadini: qualche cosa era successo e noi sul treno non ne sapevamo niente.

Guardai i compagni di viaggio, quelli nello scompartimento, quelli in piedi nel corridoio. Essi non si erano accorti. Sembravano tranquilli e una signora di fronte a me sui sessant'anni stava per prender sonno. O invece sospettavano? Sí, sí, anche loro erano inquieti, uno per uno, e non osavano parlare. Più di una volta li sorpresi, volgendo gli occhi repentini, guatare fuori. Specialmente la signora sonnolenta, proprio lei, sbirciava tra le palpebre e poi subito mi controllava se mai l'avessi smascherata. Ma di che avevano paura?

Napoli. Qui di solito il treno si ferma. Non oggi il direttissimo. Sfilarono rasente a noi le vecchie case e nei cortili oscuri vedemmo finestre illuminate e in quelle stanze – fu un attimo – uomini e donne chini a fare involti e chiudere valige, cosí pareva. Oppure mi ingannavo ed erano tutte fantasie?

Si preparavano a partire. Per dove? Non una notizia fausta dunque elettrizzava città e campagne. Una minaccia, un avvertimento di malora. Poi mi dicevo: ma se ci fosse un grosso guaio, avrebbero pure fatto fermare il treno; e il treno invece trovava tutto in ordine, sempre segnali di via libera, scambi perfetti, come per un viaggio inaugurale.

Un giovane al mio fianco, con l'aria di sgranchirsi, si era alzato in piedi. In realtà voleva vedere meglio e si curvava sopra di me per essere

die gleiche Verwirrung. Da erkannte ich einen Zusammenhang zwischen der Frau am Bahnübergang, dem jungen Mann auf dem Mäuerchen, dem Hin und Her der Bauern: Etwas war geschehen, und wir im Zug hatten davon keine Ahnung.

Ich sah meine Mitreisenden an, die im Abteil sitzenden und die im Korridor stehenden. Sie hatten nichts bemerkt. Sie machten einen gelassenen Eindruck, und eine etwa sechzigjährige Dame mir gegenüber war eben eingenickt. Oder argwöhnten sie doch etwas? Jawohl, auch sie waren beunruhigt, jeder von ihnen, und sie wagten nicht zu sprechen. Mehr als einmal überraschte ich sie, wenn sie plötzlich den Blick zum Fenster wandten und hinausschauten. Besonders die schläfrige Frau, sie vor allem, blinzelte verstohlen unter den Augenlidern hervor und sah gleich darauf mich an, ob ich sie entlarvt hätte. Wovor hatten sie Angst?

Neapel. Hier macht der Zug gewöhnlich Halt. Aber heute blieb der Express nicht stehen. Dicht an uns zogen die alten Häuser vorbei, in den dunklen Höfen sahen wir erleuchtete Fenster und in den Zimmern – nur für Augenblicke – Männer und Frauen, vornübergebeugt, um Bündel zu schnüren und Koffer zu schließen, so schien es jedenfalls. Oder täuschte ich mich, und alles war nur Einbildung?

Sie bereiteten sich zum Aufbruch vor. Wohin? Es war also keine gute Nachricht, die Stadt und Land derart in Aufruhr versetzte. Eine Bedrohung, eine Gefahr, die Ankündigung eines Unheils. Aber wenn etwas Schlimmes geschehen wäre, sagte ich mir, hätte der Zug doch bestimmt angehalten; demzufolge war aus der Sicht dieses Zuges alles in Ordnung, die Signale gaben freie Bahn, die Weichen waren gestellt wie für eine Jungfernfahrt.

Ein junger Mann, der neben mir saß und tat, als wolle er sich räkeln, war aufgestanden. In Wirklichkeit wollte er nur besser sehen, und er beugte sich über mich, um näher an

più vicino al vetro. Fuori, le campagne, il sole, le strade bianche e sulle strade carriaggi, camion, gruppi di gente a piedi, lunghe carovane come quelle che traggono ai santuari nel giorno del patrono. Ma erano tanti, sempre più folti man mano che il treno si avvicinava al nord. E tutti avevano la stessa direzione, scendevano verso mezzogiorno, fuggivano il pericolo mentre noi gli si andava direttamente incontro, a velocità pazza ci precipitavamo verso la guerra, la rivoluzione, la pestilenza, il fuoco, che cosa poteva esserci mai? Non lo avremmo saputo che fra cinque ore, al momento dell'arrivo, e forse sarebbe stato troppo tardi.

Nessuno diceva niente. Nessuno voleva essere il primo a cedere. Ciascuno forse dubitava di sé, come facevo io, nell'incertezza se tutto quell'allarme fosse reale o semplicemente un'idea pazza, allucinazione, uno di quei pensieri assurdi che infatti nascono in treno quando si è un poco stanchi. La signora di fronte trasse un sospiro, simulando di essersi svegliata, e come chi uscendo dal sonno leva gli sguardi meccanicamente, cosí lei alzò le pupille fissandole, quasi per caso, alla maniglia del segnale d'allarme. E anche noi tutti guardammo l'ordigno, con l'identico pensiero. Ma nessuno parlò o ebbe l'audacia di rompere il silenzio o semplicemente osò chiedere agli altri se avessero notato, fuori, qualche cosa di allarmante.

Ora le strade formicolavano di veicoli e gente, tutti in cammino verso il sud. Rigurgitanti i treni che ci venivano incontro. Pieni di stupore gli sguardi di coloro che da terra ci vedevano passare, volando con tanta fretta al settentrione. E zeppe le stazioni. Qualcuno ci faceva cenno, altri ci ur-

der Fensterscheibe zu sein. Draußen die Felder, die Sonne, die weißen Straßen, und auf den Straßen Trosse, Lastwagen, Menschen zu Fuß, gruppenweise, lange Karawanen ähnlich jenen, die am Fest der Schutzpatrone zu den Wallfahrtsorten ziehen. Aber es waren viele, und es wurden immer mehr, während der Zug Richtung Norden raste. Und alle hatten dasselbe Ziel. Sie zogen hinunter nach Süden. Sie flüchteten vor der Gefahr, während wir in die genau entgegengesetzte Richtung fuhren. Mit rasender Geschwindigkeit näherten wir uns dem Krieg, der Revolution, der Pestilenz, dem Feuer oder was es sonst war. Wir würden es erst in fünf Stunden erfahren, im Augenblick der Ankunft, und vielleicht war es dann zu spät.

Keiner sagte ein Wort. Keiner wollte der Erste sein, der das Schweigen brach. Jeder hatte seine Zweifel, genau wie ich, oder war unsicher, ob es wirklich Alarmzeichen gab oder ob alles nur einer verrückten Idee entsprang, einer Halluzination, ob es nur einer der absurden Gedanken war, wie sie im Zug entstehen, wenn man ein wenig müde ist. Die Dame mir gegenüber seufzte, tat, als sei sie gerade aufgewacht, und wie jemand, der soeben aus dem Schlaf erwacht ist und mechanisch die Augen aufschlägt, blickte sie hoch und fixierte wie zufällig den Notgriff für das Alarmsignal. Auch wir anderen, wir alle, blickten zu der Vorrichtung, denselben Gedanken im Kopf. Aber keiner sprach oder hatte den Mut, das Schweigen zu brechen, niemand wagte auch nur zu fragen, ob die anderen etwas Beunruhigendes draußen bemerkt hätten.

Inzwischen wimmelte es auf den Straßen von Fahrzeugen und Menschen, alle unterwegs Richtung Süden. Überfüllt die Züge, die uns entgegenkamen. Voller Verwunderung die Blicke derer, die uns mit einer solchen Geschwindigkeit Richtung Norden davonbrausen sahen. Die Bahnhöfe überfüllt. Manche Menschen gaben uns Zeichen, andere riefen

lavano delle frasi di cui si percepivano soltanto le vocali come echi di montagna.

La signora di fronte prese a fissarmi. Con le mani piene di gioielli cincischiava nervosamente un fazzoletto e intanto i suoi sguardi supplicavano: parlassi, finalmente, li sollevassi da quel silenzio, pronunciassi la domanda che tutti si aspettavano come una grazia e nessuno per primo ossave fare.

Ecco un'altra città. Come il treno, entrando nella stazione, rallentò un poco, due tre si alzarono non resistendo alla speranza che il macchinista fermasse. Invece si passò, fragoroso turbine, lungo le banchine dove una folla inquieta si accalcava anelando a un convoglio che partisse, tra caotici mucchi di bagagli. Un ragazzino tentò di rincorrerci con un pacco di giornali e ne sventolava uno che aveva un grande titolo nero in prima pagina. Allora con un gesto repentino, la signora di fronte a me si sporse in fuori, riuscí ad abbrancare il foglio ma il vento della corsa glielo strappò via. Tra le dita restò un brandello. Mi accorsi che le sue mani tremavano nell'atto di spiegarlo. Era un pezzetto triangolare. Si leggeva la testata e del gran titolo solo quattro lettere. IONE, si leggeva. Nient'altro. Sul verso, indifferenti notizie di cronaca.

Senza parole, la signora alzò un poco il frammento affinché tutti lo potessero vedere. Ma tutti avevamo già guardato. E si finse di non farci caso. Crescendo la paura, più forte in ciascuno si faceva quel ritegno. Verso una cosa che finisce in IONE noi correvamo come pazzi, e doveva essere spaventosa se, alla notizia, popolazioni intere si erano date a immediata fuga. Un fatto nuovo e potentissimo aveva rotto la vita del Paese, uomini e donne pen-

uns Sätze zu, von denen man nur die Vokale verstand, ihr Widerhall war wie ein Echo in den Bergen.

Die Dame mir gegenüber begann mich zu fixieren. Mit juwelengeschmückten Händen zerknüllte sie nervös ein Taschentuch, während ihre Blicke flehten, ich möge doch endlich etwas sagen, möge alle aus diesem Schweigen erlösen und die Frage aussprechen, die alle wie eine Gnade erwarteten und die doch keiner als Erster stellen wollte.

Wieder eine Stadt. Als der Zug bei der Einfahrt in den Bahnhof ein wenig abbremste, standen zwei, drei Passagiere auf, in der Hoffnung, dass der Lokomotivführer anhielte. Aber die Fahrt ging weiter, in tosender Hast, die Bahnsteige entlang, auf denen sich inmitten chaotischer Berge Gepäck unruhige Menschen drängten und sehnsüchtig auf die Abfahrt eines Zuges warteten. Ein Junge lief mit einem Packen Zeitung hinter uns her und schwenkte eine Ausgabe mit großen schwarzen Lettern auf der Titelseite. Da beugte sich die Dame mir gegenüber mit einer ruckartigen Bewegung hinaus und versuchte, die Zeitung zu fassen zu kriegen, aber der Fahrtwind entriss sie ihr. In ihren Händen blieb nur ein Fetzen Papier. Ich bemerkte, dass ihre Hände zitterten, wie zur Erklärung. Es war ein dreieckiges Fetzchen Papier. Man konnte den Zeitungstitel lesen und von der Schlagzeile nur vier Buchstaben. IONE stand da. Sonst nichts. Auf der Rückseite nur nüchterne Meldungen.

Wortlos hob die Dame den Fetzen Papier ein wenig hoch, damit alle ihn sehen konnten. Aber wir hatten schon gelesen. Und taten, als ginge es uns nichts an. Mit der Angst wuchs bei jedem von uns auch die Vorsicht. Wie die Verrückten rasten wir auf etwas zu, das mit IONE endet, und dieses Etwas musste fürchterlich sein, wenn sich auf diese Nachricht hin ganze Völkerscharen fluchtartig in Bewegung setzten. Etwas Neues und Gewaltiges war in das Leben des Landes eingebrochen, Männer und Frauen dachten nur

savano solo a salvarsi, abbandonando case, lavoro, affari, tutto, ma il nostro treno, no, il maledetto treno marciava con la regolarità di un orologio, al modo del soldato onesto che risale le turbe dell'esercito in disfatta per raggiungere la sua trincea dove il nemico già sta bivaccando. E per decenza, per un rispetto umano miserabile, nessuno di noi aveva il coraggio di reagire. Oh i treni come assomigliano alla vita!

Mancavano due ore. Tra due ore, all'arrivo, avremmo saputo la commune sorte. Due ore, un'ora e mezzo, un'ora, già scendeva il buio. Vedemmo di lontano i lumi della sospirata nostra città e il loro immobile splendore riverberante un giallo alone in cielo ci ridiede un fiato di coraggio. La locomotiva emise un fischio, le ruote strepitarono sul labirinto degli scambi. La stazione, la curva nera delle tettoie, le lampade, i cartelli, tutto era a posto come il solito.

Ma, orrore!, il direttissímo ancora andava e vidi che la stazione era deserta, vuote e nude le banchine, non una figura umana per quanto si cercasse. Il treno si fermava finalmente. Corremmo giù per i marciapiedi, verso l'uscita, alla caccia di qualche nostro simile. Mi parve di intravedere, nell'angolo a destra in fondo, un po' in penombra, un ferroviere col suo berrettuccio che si eclissava da una prota, come terrorizzato. Che cosa era successo? In città non avremmo più trovato un'anima? Finché la voce di una donna, altissima e violenta come uno sparo, ci diede un brivido. «Aiuto! Aiuto!» urlava e il grido si ripercosse sotto le vitree volte con la vacua sonorità dei luoghi per sempre abbandonati.

noch daran, sich in Sicherheit zu bringen, ihr Haus zu verlassen, ihren Arbeitsplatz, ihre Geschäfte, alles – einzig unser Zug, dieser vermaledeite Zug setzte seinen Weg mit der Präzision eines Uhrwerks fort, ähnlich dem braven Soldaten, der sich durch die Scharen eines in Auflösung begriffenen Heeres kämpft, um in seinen Schützengraben zu gelangen, wo längst der Feind sein Lager aufgeschlagen hat. Aus Anstand, aus erbärmlicher menschlicher Rücksichtnahme hatte keiner von uns den Mut, etwas zu tun. Ach, wie ähneln doch die Eisenbahnen dem Leben!

Nur noch zwei Stunden. In zwei Stunden, bei der Ankunft, würden wir unser gemeinsames Schicksal erfahren. Zwei Stunden, eineinhalb Stunden, eine Stunde, schon brach die Dämmerung herein. In der Ferne sahen wir die Lichter unserer ersehnten Stadt; ihr bewegungsloser Glanz warf einen gelben Widerschein an den Himmel und gab uns wieder etwas Mut. Die Lokomotive stieß einen Pfiff aus, die Räder hämmerten über das Gewirr der Weichen. Der Bahnhof, die geschwungenen schwarzen Bahnsteigüberdachungen, die Lampen, die Plakate, alles war genau wie immer.

Aber wie furchtbar! Während der Zug noch fuhr, sah ich, dass der Bahnhof menschenleer war. Kahl und leer alle Bänke, weit und breit kein Mensch. Endlich kam der Zug zum Stehen. Wir sprangen auf den Bahnsteig, rannten dem Ausgang zu, auf der Suche nach unseresgleichen. In einer Ecke weit vorn rechts glaubte ich halb im Schatten einen Eisenbahner mit seiner Mütze auf dem Kopf wie erschrokken hinter einer Tür verschwinden zu sehen. Was war geschehen? Würden wir in der ganzen Stadt keine Menschenseele mehr finden? Da ließ uns die Stimme einer Frau erschaudern, Rufe, die laut und heftig waren wie Schüsse: «Hilfe! Hilfe!» Und unter der gläsernen Kuppel pflanzte sich der Schrei fort, mit der hohlen Klangfülle der Orte, die man für immer verlassen hat.

Il colombre

Quando Stefano Roi compí i dodici anni, chiese in regalo a suo padre, capitano di mare e padrone di un bel veliero, che lo portasse con sé a bordo.

«Quando sarò grande», disse, «voglio andar per mare come te. E comanderò delle navi ancora più belle e grandi della tua.»

«Che Dio ti benedica, figliolo», risponse il padre. E siccome proprio quel giorno il suo bastimento doveva partire, portò il ragazzo con sé.

Era una giornata splendida di sole; e il mare tranquillo. Stefano, che non era mai stato sulla nave, girava felice in coperta, ammirando le complicate manovre delle vele. E chiedeva di questo e di quello ai marinai che, sorridendo, gli davano tutte le spiegazioni.

Come fu giunto a poppa, il ragazzo si fermò, incuriosito, a osservare una cosa che spuntava a intermittenza in superficie, a distanza di due-trecento metri, in corrispondenza della scia della nave.

Benché il bastimento già volasse, portato da un magnifico vento al giardinetto, quella cosa manteneva sempre la distanza. E, sebbene egli non ne comprendesse la natura, aveva qualcosa di indefinibile, che lo attraeva intensamente.

Il padre, non vedendo Stefano più in giro, dopo averlo chiamato a gran voce invano, scese dalla plancia e andò a cercarlo.

«Stefano, che cosa fai lí impalato?» gli chiese scorgendolo infine a poppa, in piedi, che fissava le onde.

«Papà, vieni qui a vedere.»

Il padre venne e guardò anche lui, nella direzione indicata dal ragazzo, ma non riuscí a vedere niente.

Der Colombre

Zu seinem zwölften Geburtstag wünschte sich Stefano Roi von seinem Vater, einem Kapitän, der ein schönes Segelschiff besaß, dass er ihn mit an Bord nähme.

«Wenn ich groß bin», sagte er, «möchte ich wie du zur See fahren. Ich wil Schiffe kommandieren, die noch schöner und größer sind als deines.»

«Gott segne dich, mein Sohn», antwortete der Vater. Und da an diesem Tag das Schiff in See stach, nahm er den Jungen mit.

Es war ein strahlend sonniger Tag; das Meer war ruhig. Stefano, der das Schiff noch nie betreten hatte, streifte glücklich über das Deck und bewunderte die komplizierten Segelmanöver. Er stellte den Matrosen alle möglichen Fragen, und lachend erklärte man ihm alles.

Als der Junge ans Heck kam, bleib er neugierig stehen; denn er hatte in zwei-, dreihundert Meter Entfernung etwas entdeckt, das im Kielwasser des Schiffes auf und ab tauchte.

Obwohl das Schiff dank günstigen Winden längst volle Fahrt machte, hielt dieses Etwas immer die gleiche Entfernung. Stefano wusste nicht, was es war, doch es zog ihn magisch an.

Als der Vater Stefano nicht mehr auf Deck herumspazieren sah und eine Weile vergeblich nach ihm gerufen hatte, verließ er die Kommandobrücke, um ihn zu suchen.

«Stefano, was stehst du wie gebannt da?» fragte der Vater, als er ihn endlich am Heck des Schiffes entdeckt hatte, wie er auf die Wellen starrte.

«Komm, Papa, ich zeig dir was.»

Der Vater sah in die Richtung, in die der Sohn wies, konnte aber nichts erkennen.

«C'è una cosa scura che spunta ogni tanto dalla scia», disse, «e che ci viene dietro.»

«Nonostante i miei quarant'anni», disse il padre, «credo di avere ancora una vista buona. Ma non vedo assolutamente niente.»

Poiché il figlio insisteva, andò a prendere il cannocchiale e scrutò la superficie del mare, in corrispondenza della scia. Stefano lo vide impallidire.

«Cos'è? Perché fai quella faccia?»

«Oh, non ti avessi ascoltato», esclamò il capitano. «Io adesso temo per te. Quella cosa che tu vedi spuntare dalle acque e che ci segue, non è una cosa. Quello è un colombre. È il pesce che i marinai sopra tutti temono, in ogni mare del mondo. È uno squalo tremendo e misterioso, più astuto dell'uomo. Per motivi che forse nessuno saprà mai, sceglie la sua vittima, e quando l'ha scelta la insegue per anni e anni, per una intera vita, finché è riuscito a divorarla. E lo strano è questo: che nessuno riesce a scorgerlo se non la vittima stessa e le persone del suo stesso sangue.»

«Non è una favola?»

«No. Io non l'avevo mai visto. Ma dalle descrizioni che ho sentito fare tante volte, l'ho subito riconosciuto. Quel muso da bisonte, quella bocca che continuamente si apre e chiude, quei denti terribili. Stefano, non c'è dubbio, purtroppo, il colombre ha scelto te e fin che tu andrai per mare non ti darà pace. Ascoltami: ora noi torniamo subito a terra, tu sbarcherai e non ti staccherai mai più dalla riva, per nessuna ragione al mondo. Me lo devi promettere. Il mestiere del mare non è per te, figliolo. Devi rassegnarti. Del resto, anche a terra potrai fare fortuna.»

Ciò detto, fece immediatamente invertire la

«Da ist etwas Dunkles, das immer wieder aus dem Kielwasser auftaucht», sagte er, «und uns folgt.»

«Trotz meiner vierzig Jahre habe ich, glaube ich, noch ganz gute Augen», sagte der Vater. «Aber ich kann ganz und gar nichts erkennen.»

Da der Sohn aber darauf beharrte, holte der Vater das Fernrohr und suchte die Meeresoberfläche im Kielwasser ab. Stefano sah den Vater erbleichen.

«Was hast du denn? Warum machst du so ein Gesicht?»

«Ach, hätte ich nur nicht auf dich gehört», rief der Kapitän. «Jetzt muss ich Angst um dich haben. Was du da aus dem Wasser auftauchen siehst und was uns folgt, ist kein Gegenstand. Es ist ein Colombre. Der Fisch, den die Seeleute auf allen Weltmeeren fürchten. Ein schrecklicher und rätselhafter Hai, der listiger ist als der Mensch. Nach einem Plan, den wohl niemand je ergründen wird, wählt er sich sein Opfer aus und folgt ihm dann jahrelang, ein Leben lang, bis er es schließlich verschlingt. Und das Merkwürdige ist: Niemand sieht ihn, nur das Opfer selbst und seine engsten Verwandten.»

«Ist das nicht ein Märchen?»

«Nein. Ich selber habe ihn zwar nie gesehen. Aber nach den Beschreibungen, die ich oft gehört habe, habe ich ihn sofort erkannt. Die Bisonschnauze, das Maul, das sich unablässig öffnet und schließt, die furchterregenden Zähne. Kein Zweifel, Stefano, der Colombre hat dich ausgewählt, und wenn du zur See fährst, wird er dich nicht in Ruhe lassen. Hör zu: Wir kehren sofort an Land zurück, du steigst aus und verlässt nie wieder das Festland, um keinen Preis der Welt. Das musst du mir versprechen. Seemann ist nicht der richtige Beruf für dich, mein Sohn. Damit musst du dich abfinden. An Land kann man ebenso gut sein Glück machen.»

Er änderte den Kurs, kehrte in den Hafen zurück und

rotta, rientrò in porto e, col pretesto di un improvviso malessere, sbarcò il figliolo. Quindi ripartí senza di lui.

Profondamente turbato, il ragazzo restò sulla riva finché l'ultimo picco dell'alberatura sprofondò dietro l'orizzonte. Di là dal molo che chiudeva il porto, il mare restò completamente deserto. Ma, aguzzando gli sguardi, Stefano riuscí a scorgere un puntino nero che affiorava a intermittenza dalle acque: il «suo» colombre, che incrociava lentamente su e giù, ostinato ad aspettarlo.

Da allora il ragazzo con ogni espediente fu distolto dal desiderio del mare. Il padre lo mandò a studiare in una città dell'interno, lontana centinaia di chilometri. E per qualche tempo, distratto dal nuovo ambiente, Stefano non pensò più al mostro marino. Tuttavia, per le vacanze estive, tornò a casa e per prima cosa, appena ebbe un minuto libero, si affrettò a raggiungere l'estremità del molo, per una specie di controlo, benché in fondo lo ritenesse superfluo. Dopo tanto tempo, il colombre, ammesso anche che tutta la storia narratagli dal padre fosse vera, aveva certo rinunciato all'assedio.

Ma Stefano rimase là, attonito, col cuore che gli batteva. A distanza di due-trecento metri dal molo, nell'aperto mare, il sinistro pesce andava su e giù, lentamente, ogni tanto sollevando il muso dall'acqua e volgendolo a terra, quasi con ansia guardasse se Stefano Roi finalmente veniva.

Cosí, l'idea di quella creatura nemica che lo aspettava giorno e notte divenne per Stefano una segreta ossessione. E anche nella lontana città gli capitava di svegliarsi in piena notte con inquietu-

ließ den Sohn an Land gehen, mit der Ausrede, ihm sei plötzlich schlecht geworden. Dann setzte er die Fahrt ohne ihn fort.

Tief verstört blieb der Junge am Ufer stehen, bis die letzte Spitze des Mastwerks hinter dem Horizont verschwunden war. Jenseits der Mole, die den Hafen schützte, war das Meer vollkommen leer. Aber wenn er ganz genau hinsah, erkannte Stefano einen dunklen Punkt, der regelmäßig aus dem Wasser auftauchte: «sein» Colombre, der gemächlich hin und her schwamm und auf ihn wartete.

Von da an wurde dem Jungen die Sehnsucht nach dem Meer mit allen Mitteln ausgetrieben. Der Vater schickte ihn zur Ausbildung in eine Stadt im Landesinnern, die einige hundert Kilometer entfernt war. Und eine Zeit lang, abgelenkt durch die neue Umgebung, dachte Stefano nicht mehr an das Meeresungeheuer. Doch in den Sommerferien kehrte er nach Hause zurück, und in der ersten freien Minute rannte er auf die Mole, um sich zu vergewissern – auch wenn er es im Grunde für überflüssig hielt. Nach so langer Zeit hatte der Colombre, vorausgesetzt, die Geschichte seines Vaters stimmte überhaupt, doch bestimmt aufgegeben.

Stefano versteinerte förmlich, und das Herz schlug ihm bis zum Hals: Zwei-, dreihundert Meter von der Mole entfernt, auf dem offenen Meer, schwamm der unheimliche Fisch gemächlich hin und her; ab und zu hob er die Schnauze aus dem Wasser und blickte auf das Festland, als könne er es gar nicht erwarten, dass Stefano Roi endlich käme.

Der Gedanke an dieses feindselige Lebewesen, das ihm Tag und Nacht auflauerte, wurde für Stefano zu einer heimlichen Zwangsvorstellung. Selbst in der fernen Stadt geschah es manchmal, dass er mitten in der Nacht aus

dine. Egli era al sicuro, sí, centinaia di chilometri lo separavano dal colombre. Eppure egli sapeva che, di là dalle montagne, di là dai boschi, di là dalle pianure, lo squalo era ad aspettarlo. E, si fosse egli trasferito pure nel più remoto continente, ancora il colombre si sarebbe appostato nello specchio di mare più vicino, con l'inesorabile ostinazione che hanno gli strumenti del fato.

Stefano, ch'era un ragazzo serio e volonteroso, continuò con profitto gli studi e, appena fu uomo, trovò un impiego dignitoso e remunerativo in un emporio di quella città. Intanto il padre venne a morire per malattia, il suo magnifico veliero fu dalla vedova venduto e il figlio si trovò ad essere erede di una discreta fortuna. Il lavoro, le amicizie, gli svaghi, i primi amori: Stefano si era ormai fatto la sua vita, ciononostante il pensiero del colombre lo assillava come un funesto e insieme affascinante miraggio; e, passando i giorni, anziché svanire, sembrava farsi più insistente.

Grandi sono le soddisfazioni di una vita laboriosa, agiata e tranquilla, ma ancora più grande è l'attrazione dell'abisso. Aveva appena ventidue anni Stefano, quando, salutati gli amici della città e licenziatosi dall'impiego, tornò alla città natale e comunicò alla mamma la ferma intenzione di seguire il mestiere paterno. La donna, a cui Stefano non aveva mai fatto parola del misterioso squalo, accolse con gioia la sua decisione. L'avere il figlio abbandonato il mare per la città le era sempre sembrato, in cuor suo, un tradimento alle tradizioni di famiglia.

E Stefano cominciò a navigare, dando prova di qualità marinare, di resistenza alle fatiche, di animo intrepido. Navigava, navigava, e sulla scia del suo

unruhigem Schlaf hochfuhr. Er befand sich in Sicherheit, Hunderte von Kilometern trennten ihn von dem Colombre. Dennoch wusste er, dass jenseits der Berge, jenseits der Wälder und jenseits der Ebenen der Hai auf ihn wartete. Auch wenn er sich auf den entferntesten Kontinent begeben würde, der Colombre würde im nächstgelegenen Meer auf ihn warten – mit der unerbittlichen Beharrlichkeit des Schicksals.

Stefano war ein ernsthafter und eifriger Junge, er machte erfolgreich eine Ausbildung, und als er ein Mann geworden war, fand er in jener Stadt eine ordentliche und gut bezahlte Arbeit in einem Warenhaus. Inzwischen war der Vater an einer Krankheit gestorben, seine Witwe verkaufte das herrliche Segelschiff, und der Sohn war nun der Erbe eines hübschen Vermögens. Arbeit, Freundschaften, Vergnügungen, erste Liebesgeschichten: Stefano hatte sich sein Leben aufgebaut – und trotzdem verfolgte ihn der Gedanke an den Colombre wie eine unheilvolle, aber unwiderstehliche Chimäre; sie wurde mit der Zeit nicht schwächer, sondern immer beherrschender.

Ein arbeitsames, behagliches und ruhiges Leben kann sehr befriedigen, stärker aber ist die Faszination, die uns zum Abgrund zieht. Mit zweiundzwanzig Jahren verabschiedete sich Stefano von seinen Freunden in der Stadt, gab seine Stellung auf, kehrte in seine Heimatstadt zurück und erklärte seiner Mutter, er wolle in die Fußstapfen des Vaters treten. Die Frau, der Stefano nie von dem geheimnisvollen Hai erzählt hatte, war über diese Pläne ihres Sohnes hoch erfreut. Dass er dem Meer den Rücken gekehrt und in die Stadt gegangen war, war ihr im Grunde ihres Herzens stets als Verrat an der Familientradition erschienen.

Stefano fuhr also zur See, er bewies, dass er seemännische Fähigkeiten und ein unerschrockenes Herz besaß und allen Widrigkeiten trotzte. Er segelte und segelte, und im

bastimente, di giorno e di notte, con la bonaccia e con la tempesta, arrancava il colombre. Egli sapeva che quella era la sua maledizione e la sua condanna, ma proprio per questo, forse, non trovava la forza di staccarsene. E nessuno a bordo scorgeva il mostro, tranne lui.

«Non vedete niente da quella parte?» chiedeva di quando in quando ai compagni, indicando la scia.

«No, noi non vediamo proprio niente. Perché?»

«Non so. Mi pareva...»

«Non avrai mica visto per caso un colombre», facevano quelli, ridendo e toccando ferro.

«Perché ridete? Perché toccate ferro?»

«Perché il colombre è una bestia che non perdona. E se si mettesse a seguire questa nave, vorrebbe dire che uno di noi è perduto.»

Ma Stefano non mollava. La ininterrotta minaccia che lo incalzava pareva anzi moltiplicare la sua volontà, la sua passione per il mare, il suo ardimento nelle ore di lotta e di pericolo.

Con la piccola sostanza lasciatagli dal padre, come egli si sentí padrone del mestiere, acquistò con un socio un piccolo piroscafo da carico, quindi ne divenne il solo proprietario e, grazie a una serie di fortunate spedizioni, poté in seguito acquistare un mercantile sul serio, avviandosi a traguardi sempre più ambiziosi. Ma i successi, e i milioni, non servivano a togliergli dall'animo quel continuo assillo; né mai, d'altra parte, egli fu tentato di vendere la nave e di ritirarsi a terra per intraprendere diverse imprese.

Navigare, navigare, era il suo unico pensiero. Non appena, dopo lunghi tragitti, metteva piede a terra in qualche porto, subito lo pungeva l'impazienza di ripartire. Sapeva che fuori c'era il colom-

Kielwasser seines Schiffes folgte Tag und Nacht, bei Flaute wie bei Sturm, der Colombre. Stefano wusste, dies war sein Fluch und seine Verdammnis – und vielleicht fand er deswegen nicht die Kraft, sich davon zu befreien. Außer ihm sah niemand an Bord dieses Ungeheuer.

«Seht ihr denn nichts dort drüben?» fragte er bisweilen seine Begleiter und zeigte auf das Kielwasser.

«Nein, wir sehen nichts. Warum?»

«Ich weiß nicht. Mir kam es vor …»

«Du hast doch nicht etwa einen Colombre gesehen?» fragten sie lachend und klopften auf Holz.

«Warum lacht ihr? Warum klopft ihr auf Holz?»

«Weil der Colombre ein Ungeheuer ist, das kein Erbarmen kennt. Wenn er dieses Schiff verfolgt, so heißt das: Einer von uns ist verloren.»

Aber Stefano gab nicht klein bei. Die unaufhörliche Bedrohung, der er ausgesetzt war, schien im Gegenteil seinen Willen, seine Leidenschaft für das Meer, seinen Wagemut in den Stunden des Kampfes und der Gefahr noch zu verstärken.

Als er glaubte, die Seefahrt zu beherrschen, kaufte er als Teilhaber mit dem schmalen Vermögen aus der Erbschaft seines Vaters einen kleinen Frachtdampfer, dessen Alleinbesitzer er wenig später wurde; und dank mehreren erfolgreichen Unternehmungen konnte er bald ein richtiges Handelsschiff erwerben und noch ehrgeizigere Ziele ins Auge fassen. Aller Erfolg, alle Millionen vermochten ihm jedoch nicht die Last von der Seele zu nehmen; andererseits war er nie versucht, das Schiff zu verkaufen und sich auf das Festland zurückziehen, um etwas anderes anzufangen.

Die Seefahrt blieb sein einziger Gedanke. Kaum war er nach einer langen Reise in einen Hafen eingelaufen und hatte den Fuß an Land gesetzt, trieb ihn schon die Ungeduld, erneut in See zu stechen. Er wusste, draußen wartete

bre ad aspettarlo, e che il colombre era sinonimo di rovina. Niente. Un indomabile impulso lo traeva senza requie, da un oceano all'altro.

Finché all'improvviso, Stefano un giorno si accorse di essere diventato vecchio, vecchissimo; e nessuno intorno a lui sapeva spiegarsi perché, ricco com'era, non lasciasse finalmente la dannata vita del mare. Vecchio, e amaramente infelice, perché l'intera esistenza sua era stata spesa in quella specie di pazzesca fuga attraverso i mari, per sfuggire al nemico. Ma più grande che le gioie di una vita agiata e tranquilla era stata per lui sempre la tentazione dell'abisso.

E una sera, mentre la sua magnifica nave era ancorata al largo del porto dove era nato, si sentí prossimo a morire. Allora chiamò il secondo ufficiale, di cui aveva grande fiducia, e gli ingiunse di non opporsi a ciò che egli stava per fare. L'altro, sull'onore, promise.

Avuta questa assicurazione, Stefano, al secondo ufficiale che lo ascoltava sgomento, rivelò la storia del colombre, che aveva continuato a inseguirlo per quasi cinquant'anni, inutilmente.

«Mi ha scortato da un capo all'altro del mondo», disse, «con una fedeltà che neppure il più nobile amico avrebbe potuto dimostrare. Adesso io sto per morire. Anche lui, ormai, sarà terribilmente vecchio e stanco. Non posso tradirlo.»

Ciò detto, prese commiato, fece calare in mare un barchino e vi salí, dopo essersi fatto dare un arpione.

«Ora gli vado incontro» annunciò. «È giusto che non lo deluda. Ma lotterò, con le mie ultime forze.»

A stanchi colpi di remi, si allontanò da bordo.

der Colombre auf ihn, und der Colombre war gleichbedeutend mit dem Untergang. Und dennoch. Ein unbezähmbarer Drang trieb ihn ruhelos von einem Meer zum anderen.

Eines Tages spürte Stefano plötzlich, dass er alt geworden war, sehr alt; und niemand in seiner Umgebung konnte sich erklären, warum er, ein reicher Mann, das anstrengende Leben zur See nicht endlich aufgab. Er war alt und war doch tief unglücklich, denn er hatte sein ganzes Leben damit verbracht, über die Meere zu hasten, um dem Feind zu entfliehen. Aber für ihn war der bedrohliche Reiz des Abgrunds stets stärker gewesen als die Freuden eines bequemen und ruhigen Lebens.

Eines Abends nun – sein prachtvolles Schiff lag noch im Hafen seiner Heimatstadt vor Anker – fühlte er die Zeit zum Sterben gekommen. Er rief den Zweiten Offizier zu sich, dem er vertraute, und nahm ihm das Versprechen ab, seinem Vorhaben keinen Widerstand entgegenzusetzen. Und der andere gab sein Ehrenwort.

Mit diesem Versprechen enthüllte Stefano dem bestürzten Zweiten Offizier die Geschichte des Colombre, der ihn seit nunmehr fast fünfzig Jahren unablässig, aber vergebens verfolgt hatte.

«Er ist mir von einem Ende der Erde ans andere gefolgt», sagte er, «mit einer Treue, die kein noch so guter Freund aufbringen könnte. Ich werde bald sterben. Auch er muss inzwischen furchtbar alt und müde sein. Ich kann ihn nicht hintergehen.»

Damit verabschiedete er sich, ließ ein kleines Boot zu Wasser und stieg ein, mit einer Harpune bewaffnet.

«Ich werde ihm entgegenfahren», sagte er. «Ich kann ihn nicht enttäuschen. Aber ich werde kämpfen, mit meiner letzten Kraft.»

Mit müden Ruderstößen entfernte er sich vom Ufer.

Ufficiali e marinai lo videro scomparire laggiù, sul placido mare, avvolto dalle ombre della notte. C'era in cielo una falce di luna.

Non dovette faticare molto. All'improvviso il muso orribile del colombre emerse di fianco alla barca.

« Eccomi a te, finalmente », disse Stefano. « Adesso, a noi due ! » E, raccogliendo le superstiti energie, alzò l'arpione per colpire.

« Uh », mugolò con voce supplichevole il colombre, « che lunga strada per trovarti. Anch'io sono distrutto dalla fatica. Quanto mi hai fatto nuotare. E tu fuggivi, fuggivi. E non hai mai capito niente. »

« Perché? » fece Stefano, punto sul vivo.

« Perché non ti ho inseguito attraverso il mondo per divorarti, come pensavi. Dal re del mare avevo avuto soltanto l'incarico di consegnarti questo. »

E lo squalo trasse fuori la lingua, porgendo al vecchio capitano una piccola sfera fosforescente.

Stefano la prese fra le dita e guardò. Era una perla di grandezza spropositata. E lui riconobbe la famosa Perla del Mare che dà, a chi la possiede, fortuna, potenza, amore, e pace dell'animo. Ma era ormai troppo tardi.

« Ahimè ! » disse scuotendo tristemente il capo. « Come è tutto sbagliato. Io sono riuscito a dannare la mia esistenza: e ho rovinato la tua. »

« Addio, pover'uomo », rispose il colombre. E sprofondò nelle acque nere per sempre.

Due mesi dopo, spinto dalla risacca, un barchino approdò a una dirupata scogliera. Fu avvistato da alcuni pescatori che, incuriositi, si avvicinarono.

Offiziere und Matrosen sahen ihn auf der ruhigen See entschwinden, eingehüllt von den Schatten der Nacht. Am Himmel stand die Mondsichel.

Er musste nicht lange rudern, bis die furchterregende Schnauze des Colombre neben dem Boot auftauchte.

«Hier bin ich», sagte Stefano. «Jetzt geht es nur um uns beide!» Und er nahm all seine Kraft zusammen und hob die Harpune gegen ihn.

«Uff», stöhnte der Colombre flehentlich, «was für ein langer Weg, um dir endlich gegenüberzustehen. Auch ich bin müde und erschöpft. Was für Strecken hast du mich schwimmen lassen! Immer und immer wieder bist du entflohen. Und hast es nie verstanden.»

«Was?» fragte Stefano, an seiner empfindlichsten Stelle getroffen.

«Ich bin dir nicht, wie du geglaubt hast, durch die ganze Welt gefolgt, um dich zu verschlingen. Vom König der Meere hatte ich nur den Auftrag, dir dies hier zu überreichen.»

Und der Hai streckte die Zunge heraus und gab dem alten Kapitän eine kleine glänzende Kugel.

Stefano nahm sie und betrachtete sie. Es war eine Perle von ungewöhnlicher Größe. Und er erkannte, dass es die berühmte Perle des Meeres war, die dem, der sie besitzt, Reichtum, Macht, das Glück der Liebe und Seelenfrieden schenkt. Aber jetzt war es zu spät.

«O weh!» rief er und schüttelte traurig den Kopf. «Wie verkehrt doch alles gewesen ist. Ich habe mich mein Leben lang geplagt, und auch dein Leben habe ich zerstört.»

«Leb wohl, armer Mann», erwiderte der Colombre. Und tauchte in die dunklen Fluten, um nie wiederzukehren.

Zwei Monate später landete, von der Meeresströmung getrieben, ein kleines Boot an einer steilen Felsküste. Fischer entdeckten es und kamen neugierig näher heran-

Sul barchino, ancora seduto, stava un bianco scheletro: e fra lo ossicine delle dita stringeva un piccolo sasso rotondo.

Il colombre è un pesce di grandi dimensioni, spaventoso a vedersi, estremamento raro. A seconda dei mari, e delle genti che ne abitano le rive, viene anche chiamato kolomber, kahloubrha, kalonga, kalu-balu, chalung-gra. I naturalisti stranamente lo ignorano. Qualcuno perfino sostiene che non esiste.

gefahren. In dem Boot saß aufrecht ein weißes Skelett: zwischen den Fingerknöcheln hielt es einen kleinen runden Stein.

Der Colombre ist ein riesenhafter Fisch, man sieht ihn selten, und sein Anblick ist furchtbar. Je nach dem Meer und den Menschen, die seine Ufer bewohnen, wird er auch Kolomber, Kahloubrha, Kalonga, Kalu-Balu oder Chalung-Gra genannt. Die Zoologen kennen ihn merkwürdigerweise nicht. Einige behaupten sogar, dass es ihn gar nicht gibt.

L'umiltà

Un frate di nome Celestino si era fatto eremita ed era andato a vivere nel cuore della metropoli dove massima è la solitudine dei cuori e più forte è la tentazione di Dio. Perché meravigliosa è la forza dei deserti d'oriente fatti di pietre, di sabbia e di sole, dove anche l'uomo più gretto capisce la propria pochezza di fronte alla vastità del creato e agli abissi dell'eternità, ma ancora più potente è il deserto delle città fatto di moltitudini, di strepiti, di ruote, di asfalto, di luci elettriche, e di orologi che vanno tutti insieme e pronunciano tutti nello stesso istante la medesima condanna.

Orbene, nel luongo più sperduto di questa landa inaridita, viveva padre Celestino, rapito per lo più nell'adorazione dell'Eterno; ma poiché si sapeva quanto egli fosse illuminato, veniva da lui, anche dalle più remote contrade, gente afflitta o turbata, a chiedere un consiglio e a confessarsi. A ridosso di un capannone metalmeccanico egli aveva trovato, chissà come, i resti di un antico camion la cui minuscola cabina di guida, senza più vetri ahimè, gli serviva da confessionale.

Una sera, che già scendeva il buio, dopo essere stato per ore e ore ad ascoltare enumerazioni, più o meno contrite, di peccati, padre Celestino stava per lasciare la sua garitta quando nella penombra una smilza figura si avvicinò in atto penitente.

Solo all'ultimo, dopo che il forestiero si fu inginocchiato sul predellino, l'eremita si accorse che era un prete.

Demut

Ein Mönch mit Namen Celestino war Einsiedler geworden und hatte sich in das Herz der Hauptstadt zurückgezogen, dorthin, wo die Einsamkeit der Herzen am größten und die Versuchung Gottes am stärksten ist. Denn so gewaltig die aus Steinen, Sand und Sonne gemachten Wüsten des Orients sind, wo selbst der beschränkteste Mensch sich seiner Armseligkeit bewusst wird angesichts der Erhabenheit der Schöpfung und der Größe der Ewigkeit, so ist die Wüste der Stadt doch ungleich gewaltiger: die Wüste aus Menschenmassen, Lärm, Rädern, Asphalt, elektrischen Lichtern und Uhren, die im Gleichtakt schlagen und in ein und demselben Augenblick von ein und derselben Verdammnis künden.

In dem verlassensten Winkel dieser ausgedörrten Ödnis also lebte Pater Celestino, verzückt in der Anbetung des Ewigen; doch aus weit entfernten Gegenden strömten von Kummer geschlagene oder bedrückte Menschen zu ihm, um sich Rat zu holen oder zu beichten, denn der hohe Grad seiner Erleuchtung war allgemein bekannt. Neben einer Maschinenbauwerkstatt hatte er zufällig die Reste eines alten Lastwagens entdeckt, dessen winzige Führerkabine, leider ohne Fensterscheiben, ihm als Beichtstuhl diente.

Eines Abends – es wurde bereits dunkel, und Pater Celestino hatte sich stundenlang mehr oder minder reumütig vorgetragene Sündenregister angehört – wollte er soeben sein Führerhäuschen verlassen, als im Halbdunkel eine schmächtige Gestalt in Büßerhaltung auf ihn zu kam.

Erst im letzten Augenblick, als sich der Fremde bereits auf das Trittbrett gekniet hatte, bemerkte der Einsiedler, dass es ein Priester war.

«Che posso fare per te, piccolo prete?» disse l'eremita con la sua pazienza soave.

«Sono venuto a confessarmi», rispose l'uomo; e senza por tempo di mezzo, cominciò a recitare le sue colpe.

Ora Celestino era abituato a subire le confidenze di persone, specialmente donne, che venivano a confessarsi per una specie di mania, tediandolo con meticolosi racconti di azioni innocentissime. Mai però gli era toccato un cristiano cosí sguarnito di male. Le mancanze di cui il pretino si accusava erano semplicemente ridicole, tanto futili, esili e leggere. Tuttavia, per la sua conoscenza degli uomini, l'eremita capí che il grosso era ancora da venire e che il pretino vi girava intorno.

«Su, figliolo, è tardi e, per essere sincero, comincia a fare freddo. Veniamo al dunque!»

«Padre, non ne ho il coraggio», balbettò il pretino.

«Che cos'hai mai commesso? Nell'insieme, mi sembri un bravo ragazzo. Non avrai mica ucciso, immagino. Non ti sarai infangato d'orgoglio.»

«Proprio cosí», fece l'altro in un fiato quasi impercettibile.

«Assassino?»

«No. L'altro.»

«Orgoglioso? Possibile?»

Il prete assentí, contrito.

«E parla, spiegati, anima benedetta. Benché oggi se ne faccia un esagerato consumo, alla misericordia di Dio non è stato dato fondo: il quantitativo ancora disponibile in giacenza dovrebbe bastare, per te, io penso.»

L'altro finalmente si decise:

«Ecco, padre. La cosa è molto semplice, anche se piuttosto tremenda. Sono prete da pochi giorni. Ho

«Was kann ich für dich tun, kleiner Priester?» fragte der Einsiedler mit sanfter Geduld.

«Ich möchte beichten», erwiderte der Mann; und ohne lange zu zögern, fing er an, seine Verfehlungen zu bekennen.

Nun war Celestino an die Bekenntnisse von Menschen, besonders Frauen, gewöhnt, die aus einer Art Sucht zur Beichte kamen und ihn mit ausführlichen Schilderungen der allerunschuldigsten Handlungen verdrossen. Nie aber hatte er es mit einem Menschen zu tun gehabt, der so frei war von allem Bösen. Die Fehler, deren sich das Priesterlein bezichtigte, waren schlichtweg lächerlich, sie waren nichtig, geringfügig und leicht. Aber dank seiner großen Menschenkenntnis wusste der Einsiedler, dass die Hauptsache noch kommen würde und der Priester um seine Geschichte bisher nur herumredete.

«Mein Sohn, es ist spät, und ehrlich gesagt wird es allmählich kalt. Machen wir's kurz!»

«Pater, mir fehlt der Mut», stammelte der Priester.

«Was hast du denn getan? Mir scheint, du bist eigentlich ein guter Kerl. Du wirst doch niemanden umgebracht haben? Oder bist du dem Hochmut verfallen?»

«Genau das ist es», hauchte der andere kaum hörbar.

«Mord?»

«Nein. Das andere.»

«Hochmut? Ist das möglich?»

Der Priester nickte zerknirscht.

«So sprich, erklär dich, glückliche Seele. Auch wenn Gottes Barmherzigkeit heutzutage sehr in Anspruch genommen wird, so ist sie doch unerschöpflich. Was immer übrig ist – es sollte, meine ich, für dich reichen.»

Den anderen kostete es Überwindung.

«Also, Pater. Die Sache ist ganz einfach, wenn auch ziemlich schlimm. Ich bin erst seit ein paar Tagen Priester. So-

appena assunto il mio officio nella parrocchia assegnatami. Ebbene... »

« E parla, creatura mia, parla! Giuro che non ti mangerò. »

« Ebbene... quando mi sento chiamare ‹reverendo›, cosa vuole? le sembrerò ridicolo, ma io provo un sentimento di gioia, come una cosa che mi riscalda dentro... »

Non era un gran peccato, per la verità; alla maggioranza dei fedeli, preti compresi, l'idea di confessarlo non sarebbe neanche mai passata per la mente. Però l'anacoreta, sebbene espertissimo del fenomeno chiamato uomo, non se l'aspettava. E lí per lí non sapeva cosa dire (mai gli era capitato).

« Ehm... ehm... capisco... la cosa non è bella... Se non è il Demonio in persona che ti riscalda dentro, poco ci manca... Ma tutto questo, per fortuna, l'hai capito da te... E la tua vergogna lascia seriamente sperare che non ricadrai... Certo, sarebbe triste se cosí giovane tu ti lasciassi infettare... *Ego te absolvo.* »

Passarono tre o quattr'anni e padre Celestino se ne era quasi completamente dimenticato quando l'innominato prete tornò da lui per confessarsi.

« Ma io ti ho già visto, o mi confondo? »

« È vero. »

« Lasciati guardare... ma sí, ma sí tu sei quello... quello che godeva a sentirsi chiamare reverendo. O mi sbaglio? »

« Proprio cosí », fece il prete, che forse sembrava un po' meno pretino per una specie di maggiore dignità segnata in volto, ma nel resto era giovane e smilzo come la prima volta. E diventò di fiamma.

eben erst habe ich mein Amt in der mir zugewiesenen Pfarrei angetreten, und trotzdem ...»

«So sprich doch, Menschenskind, sprich! Ich schwöre dir, ich werde dich nicht fressen.»

«Und trotzdem ... wenn ich höre, wie man mich ‹Hochwürden› nennt, dann ... Es mag Euch lächerlich vorkommen, aber ich empfinde ein Gefühl der Freude, das Herz geht mir auf ...»

Das war nun wirklich keine schwere Sünde; die meisten Gläubigen einschließlich der Priester würden nie auf den Gedanken kommen, so etwas zu beichten. Der Eremit kannte zwar die Menschen, aber das hatte er nicht erwartet. Und so wusste er im ersten Augenblick gar nicht, was er sagen sollte (das war ihm noch nie passiert).

«Äh ... äh ... ich verstehe ... eine unschöne Sache ... Wenn es nicht gerade der Teufel ist, der dir das Herz aufgehen lässt, so fehlt dazu doch nicht viel ... Aber zum Glück hast du es ja selber gemerkt ... Und deine Beschämung gibt Anlass zur Hoffnung, dass es nicht wieder vorkommt ... Es wäre traurig, wenn du als so junger Mensch dich davon anstecken lassen würdest ... *Ego te absolvo.*»

Drei, vier Jahre vergingen, und Pater Celestino hatte die Begebenheit so gut wie vergessen, als der namenlose Priester wiederum zu ihm zur Beichte kam.

«Ich glaube, ich kenne dich, oder täusche ich mich etwa?»

«Doch, es stimmt.»

«Lass dich ansehen ... jawohl, du bist der ... dem es gefiel, wenn man ihn ‹Hochwürden› nannte. Oder irre ich mich?»

«Nein, nein, es ist richtig», bestätigte der Priester, der diesmal wohl nicht mehr ganz so wie ein Priesterlein aussah; eine gewisse größere Würde stand ihm ins Gesicht geschrieben; aber er war noch jung und schmächtig wie beim ersten Mal. Und er errötete tief.

«Oh oh», diagnosticò secco Celestino con un rassegnato sorriso «in tutto questo tempo non ci siamo saputi emendare?»

«Peggio, peggio.»

«Mi fai quasi paura, figliolo. Spiegati.»

«Bene», disse il prete facendo un tremendo sforzo su se stesso. «È molto peggio di prima... Io... io...»

«Coraggio», lo esortò Celestino stringendogli le mani fra le sue, «non tenermi in palpiti.»

«Succede cosí: se c'è qualcuno che mi chiama ‹monsignore› io... io...»

«Provi soddisfazione, intendi?»

«Sí, purtroppo.»

«Una sensazione di benessere, di calore?»

«Precisamente...»

Ma padre Celestino lo sbrigò in poche parole. La prima volta, il caso gli era sembrato abbastanza interessante, come singolarità umana. Ora non più. Evidentemente – pensava – si tratta di un povero stupido, un santo uomo magari, che la gente si diverte a prendere in giro. Era il caso di fargli sospirare l'assoluzione? In un paio di minuti padre Celestino lo mandò con Dio.

Passarono ancora una decina d'anni e l'eremita era ormai vecchio, quando il pretino ritornò. Invecchiato anche lui naturalmente, più smunto, più pallido, con i capelli grigi. Lí per lí, padre Celestino non lo riconobbe. Ma appena quello ebbe cominciato a parlare, il timbro della voce ridestò il sopito ricordo.

«Ah tu sei quello del ‹reverendo› e del ‹monsignore›. O mi confondo?» chiese Celestino col suo disarmante sorriso.

«So, so», stellte Celestino trocken und mit einem geduldigen Lächeln fest, «und in all der Zeit haben wir uns nicht gebessert?»

«Es ist schlimmer geworden, viel schlimmer.»

«Du machst mir fast Angst, mein Sohn. Erklär dich.»

«Also», sagte der Priester, der sich einen Ruck geben musste. «Es ist viel schlimmer als zuvor ... Ich ... ich ...»

«Nur Mut», ermunterte ihn Celestino und umfasste die Hände des Priesters, «spann mich nicht auf die Folter.»

«Es ist so: Wenn mich jemand ‹Monsignore› nennt, dann ... dann ...»

«Empfindest du Befriedigung, willst du sagen?»

«Ja, leider.»

«Ein Gefühl des Wohlbehagens, der Wärme?»

«Genau ...»

Doch Pater Celestino fertigte ihn mit wenigen Worten ab. Beim ersten Mal hatte er ihn als einen interessanten Fall betrachtet, als eine Ausnahmeerscheinung unter den Menschen. Jetzt nicht mehr. Offenbar – so seine Überlegung – ist er ein armer einfältiger Kerl, womöglich ein überaus frommer Mann, über den sich die Leute lustig machen. War es nötig, ihn lange auf die Absolution warten zu lassen? Nach wenigen Minuten entließ er ihn mit Gott.

Abermals vergingen zehn Jahre. Der Einsiedler war inzwischen alt geworden, als der Priester abermals zu ihm kam. Freilich war auch er älter geworden, abgezehrter, blasser, und seine Haare waren ergraut. Im ersten Augenblick erkannte ihn Pater Celestino nicht. Aber als er anfing zu sprechen, rief seine Stimme die schlummernde Erinnerung wach.

«Ach, du bist der mit ‹Hochwürden› und ‹Monsignore›. Oder irre ich mich?» fragte Celestino mit entwaffnendem Lächeln.

«Hai una buona memoria, padre.»

«E da allora, quanto tempo è passato?»

«Sono quasi dieci anni.»

«E dopo dieci anni tu... ti trovi ancora a quel punto?»

«Peggio, peggio.»

«Come sarebbe a dire?»

«Vedi, padre... adesso... se qualcuno si rivolge a me chiamandomi ‹eccellenza›, io...»

«Non dire altro, figliolo», fece Celestino con la sua pazienza a prova di bomba. «Ho già capito tutto. *Ego te absolvo.*»

E intanto pensava: purtroppo, con gli anni, questo povero prete sta diventando sempre più ingenuo e semplicione; e la gente si diverte più che mai a prenderlo in giro. E lui ci cade e ci trova perfino gusto, poveraccio. Fra cinque, sei anni, scommetto, me lo vedrò ricomparire dinanzi per confessarmi che quando lo chiamano «eminenza» eccetera eccetera.

La qual cosa avvenne, esattamente. Con l'anticipo di un anno sul previsto.

E passò, con la spaventosa celerità che tutti sanno, un'altra fetta di tempo. E padre Celestino era ormai cosí vecchio decrepito che dovevano portarlo di peso al suo confessionale ogni mattina e di peso riportarlo alla sua tana quando veniva la sera.

Occorre adesso raccontare per filo e per segno come l'innominato pretino un giorno ricomparve? E come fosse invecchiato anche lui, più bianco, curvo e rinsecchito che mai? E come fosse tormentato sempre dal medesimo rimorso? No, evidentemente, non occorre.

«Povero pretino mio», lo salutò con amore il

«Du hast ein gutes Gedächtnis, Pater.»

«Und wie viel Zeit ist seither vergangen?»

«Fast zehn Jahre.»

«Und nach zehn Jahren ... bist du noch immer keinen Schritt weitergekommen?»

«Es ist schlimmer geworden, viel schlimmer.»

«Was meinst du damit?»

«Siehst du, Pater ... jetzt ist es so ... wenn mich jemand ‹Exzellenz› nennt, dann ...»

«Sprich nicht weiter, mein Sohn», unterbrach ihn Celestino mit seiner unermesslichen Geduld. «Ich habe schon verstanden. *Ego te absolvo.*»

Dabei dachte er: Schade, dieser arme Priester wird mit den Jahren immer einfältiger und dümmer; und die Leute machen sich immer mehr über ihn lustig. Und er fällt darauf herein, ja findet sogar Gefallen daran, der Ärmste. Ich wette, er kommt in fünf, sechs Jahren wieder und beichtet mir, dass man ihn ‹Eminenz› nennt und so weiter und so weiter.

Genau so geschah es. Und zwar ein Jahr früher, als er erwartet hatte.

Und mit der erschreckenden Geschwindigkeit, die wir alle kennen, verging wieder eine Spanne Zeit. Pater Celestino war inzwischen so alt und hinfällig, dass man ihn morgens buchstäblich zu seinem Beichtstuhl hintragen und abends buchstäblich in seine Hütte zurücktragen musste.

Müssen wir in allen Einzelheiten erzählen, wie der namenlose Priester eines Tages wiederkam? Wie auch er alt geworden war, die Haare weiß, den Rücken tiefer gebeugt und ausgezehrter denn je? Und wie er noch immer von den alten Gewissensbissen geplagt wurde? Nein, das ist nicht nötig.

«Mein armes Priesterlein», begrüßte ihn liebevoll der

vegliardo anacoreta, «sei ancora qui col tuo vecchio peccato d'orgoglio?»

«Tu mi leggi nell'animo, padre.»

«E adesso la gente come ti lusinga? Ormai ti chiama ‹sua santità› immagino.»

«Proprio cosí», ammise il prete col tono della più cocente mortificazione.

«E ogni volta che cosí ti chiamano, un senso di gioia, di benessere, di vita ti pervade, quasi di felicità?»

«Purtroppo; purtroppo. Potrà Dio perdonarmi?»

Padre Celestino dentro di sé sorrise. Tanto ostinato candore gli sembrava commovente. E in un baleno ricostruí con l'immaginazione la oscura vita di quel povero pretino umile e poco intelligente in una sperduta parrocchia di montagna, tra volti spenti, ottusi o maligni. E le sue monotone giornate una uguale all'altra e le monotone stagioni, e i monotoni anni, e lui sempre più malinconico e i parrocchiani sempre più crudeli. Monsignore... eccellenza, eminenza... adesso sua santità. Non avevano più alcun ritegno nelle loro beffe paesane. Eppure lui non se la prendeva, quelle grandi parole rilucenti gli destavano anzi nel cuore una infantile risonanza di gioia. Beati i poveri di spirito, conchiuse fra sé l'eremita. *Ego te absolvo.*

Finché un giorno il vecchissimo padre Celestino, sentendosi prossimo a morire, per la prima volta nella vita domandò una cosa per sé. Lo portassero a Roma in qualche modo. Prima di chiudere gli occhi per sempre, gli sarebbe piaciuto vedere, almeno per un attimo, San Pietro, e il Vaticano, e il Santo Padre.

greise Eremit, «plagt dich noch immer dein altes Laster, der Hochmut?»

«Du liest in meiner Seele, Pater.»

«Und wie schmeichelt man dir jetzt? Sie sprechen dich jetzt vermutlich mit ‹Eure Heiligkeit› an.»

«Genau so ist es», gab der Priester mit brennender Scham zu.

«Und wenn man dich so nennt, durchströmt dich ein Gefühl der Freude, des Wohlbefindens, der Lebendigkeit, ja der Glückseligkeit?»

«Leider, leider. Ob Gott mir verzeihen kann?»

Pater Celestino lächelte still in sich hinein. Eine so hartnäckige Einfalt rührte ihn. Und rasch malte er sich in seiner Fantasie das trostlose Leben dieses armen demütigen und so wenig klugen Priesterleins aus, der in einer verlassenen Pfarrei irgendwo in den Bergen lebte, inmitten dummer, abgestumpfter oder boshafter Menschen. Und er stellte sich die gleichförmigen Tage vor, die sich in nichts unterschieden, die gleichförmigen Jahreszeiten, die gleichförmigen Jahre, während er immer schwermütiger und die Pfarrkinder immer grausamer wurden. Monsignore … Exzellenz … Eminenz … und jetzt Eure Heiligkeit. Der derbe Spott der Leute kannte keine Grenzen. Und doch nahm der Priester ihnen nicht übel, die großen schillernden Worte weckten in seinem Herzen vielmehr ein kindliches Gefühl der Freude. Selig die Armen im Geist, schloss der Einsiedler im Stillen. *Ego te absolvo.*

Eines Tages, als der greise Pater Celestino spürte, dass er dem Tod nahe war, erbat er zum ersten Mal in seinem Leben etwas für sich. Man möge ihn nach Rom bringen. Ehe er für immer die Augen schloss, wollte er, und sei es nur für einen Augenblick, Sankt Peter, den Vatikan und den Heiligen Vater sehen.

Potevano dirgli di no? Procurarono una lettiga, ci misero sopra l'eremita e lo portarono fino al cuore della cristianità. Non basta. Senza perdere tempo perché Celestino aveva ormai le ore contate, lo trassero su per le scalinate del Vaticano e lo introdussero, con mille altri pellegrini, in un salone. Qui lo lasciarono in un angolo ad aspettare.

Aspetta aspetta, finalmente padre Celestino vide la folla fare largo e dal fondo lontanissimo del salone avanzare una sottile bianca figura un poco curva. Il Papa!

Com'era fatto? Che faccia aveva? Con inesprimibile orrore padre Celestino, ch'era sempre stato miope come un rinoceronte, constatò di aver dimenticato gli occhiali.

Ma per fortuna la bianca figura si avvicinò, facendosi via via più grande, finché venne a fermarsi accanto alla sua lettiga, addirittura. L'eremita si nettò col dorso di una mano gli occhi imperlati di lacrime e li alzò lentamente. Vide allora il volto del Papa. E lo riconobbe.

«Oh, sei tu, mio povero prete, mio povero piccolo prete», esclamò il vecchio in un irresistibile moto dell'animo.

E nella vetusta maestà del Vaticano, per la prima volta nella storia, si assistette alla seguente scena: il Santo Padre e un vecchissimo sconosciuto frate venuto da chissà dove, che, tenendosi per le mani, singhiozzavano insieme.

Konnte man ihm das abschlagen? Man schaffte einen Tragestuhl herbei, setzte den Einsiedler hinein und brachte ihn ins Zentrum der Christenheit. Damit nicht genug. Ohne Zeit zu verlieren, denn Celestinos Stunden waren gezählt, trugen sie ihn die Stufen des Vatikan hinauf und führte ihn mit tausend anderen Gläubigen in einen großen Saal. Hier ließen sie ihn in einer Ecke nieder, wo er warten sollte.

Er wartete und wartete, aber schließlich sah Pater Celestino, wie die Menge sich teilte und vom anderen Ende des Saals her eine schmale weiße, etwas gebeugte Gestalt näher kam. Der Papst!

Wie war er? Wie sah er aus? Mit unaussprechlichem Schrecken stellte Pater Celestino fest, dass er, seit jeher kurzsichtig wie ein Nashorn, seine Brille vergessen hatte.

Aber zum Glück näherte sich die weiße Gestalt, wurde immer größer, bis sie unmittelbar vor seinem Tragestuhl stehen blieb. Der Einsiedler wischte sich mit dem Handrücken über die Augen, die sich mit Tränen gefüllt hatten, und hob langsam die Lider. Da blickte er in das Antlitz des Papstes. Und erkannte ihn.

«Oh, du bist es, mein armer Priester, mein armes Priesterlein», rief der Alte aus, von einer inneren Bewegung überwältigt.

Und in der Ehrwürdigkeit und Großartigkeit des Vatikan trug sich eine historisch einmalige Szene zu: Der Heilige Vater und ein greiser unbekannter Mönch, der von wer weiß woher gekommen war, hielten sich bei den Händen und schluchzten.

La giacca stregata

Benché io apprezzi l'eleganza nel vestire, non bado, di solito, alla perfezione o meno con cui sono tagliati gli abiti dei miei simili.

Una sera tuttavia, durante un ricevimento in una casa di Milano conobbi un uomo, dall'apparente età di quarant'anni, il quale letteralmente risplendeva per la bellezza, definitiva e pura, del vestito.

Non so chi fosse, lo incontravo per la prima volta, e alla presentazione, come succede sempre, capire il nome fu impossibile. Ma a un certo punto della sera mi trovai vicino a lui, e si cominciò a discorrere. Sembrava un uomo garbato e civile, tuttavia con un alone di tristezza. Forse con esagerata confidenza – Dio me ne avesse distolto – gli feci i complimenti per la sua eleganza; e osai perfino chiedergli chi fosse il suo sarto.

L'uomo ebbe un sorrisetto curioso, quasi che si fosse aspettato la domanda. «Quasi nessuno lo conosce», disse, «però è un grande maestro. E lavora solo quando gli gira. Per pochi iniziati.» «Dimodochè io...?» «Oh, provi, provi. Si chiama Corticella, Alfonso Corticella, via Ferrara 17.» «Sarà caro, immagino.» «Lo presumo, ma giuro che non lo so. Quest'abito me l'ha fatto da tre anni e il conto non me l'ha ancora mandato.» «Corticella? Via Ferrara 17, ha detto?» «Esattamente», rispose lo sconosciuto. E mi lasciò per unirsi a un altro gruppo.

In via Ferrara 17 trovai una casa come tante

Die verhexte Jacke

Obwohl ich elegante Kleidung durchaus zu schätzen weiß, kümmert es mich gewöhnlich wenig, ob die Anzüge meiner Mitmenschen perfekt geschnitten sind oder nicht.

Doch eines Abends, bei einem Empfang in einem Haus in Mailand, lernte ich einen schätzungsweise vierzig Jahre alten Mann kennen, der auf Grund der ausgesprochenen und vollkommenen Schönheit seines Anzugs buchstäblich herausstach.

Ich kannte ihn nicht, ich begegnete ihm zum ersten Mal, und als man uns miteinander bekannt machte, hatte ich, wie es eben so geht, seinen Namen nicht verstanden. Aber irgendwann im Verlauf des Abends stand ich plötzlich neben ihm, und wir fingen an, uns zu unterhalten. Er besaß Anstand und gute Manieren, freilich mit einem Anflug von Wehmut. Vielleicht aus übertriebener Vertrauensseligkeit – hätte mich der Herrgott nur davon abgehalten – machte ich ihm Komplimente wegen seiner Eleganz; ich wagte es sogar, ihn nach seinem Schneider zu fragen.

Der Mann lächelte auf merkwürdige Weise, als hätte er diese Frage erwartet. «Fast keiner kennt ihn», sagte er, «aber er ist ein großer Meister. Und er arbeitet nur, wenn er Lust dazu hat. Für wenige Auserwählte.» «Dann habe ich also ...?» «Ach, versuchen Sie es doch einfach. Er heißt Corticella, Alfonso Corticella, Via Ferrara 17.» «Er ist sicher teuer.» «Vermutlich ja, aber ich weiß es wirklich nicht. Diesen Anzug hat er mir vor drei Jahren gemacht, aber bis heute hat er mir noch keine Rechnung geschickt.» «Corticella? Via Ferrara 17, haben Sie gesagt?» «Ganz recht», nickte der Unbekannte. Dann ließ er mich stehen, um sich einer anderen Gruppe zuzugesellen.

Das Haus in der Via Ferrara 17 sah aus wie viele andere,

altre e come quella di tanti altri sarti era l'abitazione di Alfonso Corticella. Fu lui che venne ad aprirmi. Era un vecchietto, coi capelli neri, però sicuramente tinti.

Con mia sorpresa, non fece il difficile. Anzi, pareva ansioso che diventassi suo cliente. Gli spiegai come avevo avuto l'indirizzo, lodai il suo taglio, gli chiesi di farmi un vestito. Scegliemmo un pettinato grigio quindi egli prese le misure, e si offerse di venire, per la prova, a casa mia. Gli chiesi il prezzo. Non c'era fretta, lui rispose, ci saremmo sempre messi d'accordo. Che uomo simpatico, pensai sulle prime. Eppure più tardi, mentre rincasavo, mi accorsi che il vecchiotto aveva lasciato un malessere dentro di me (forse per i troppi insistenti e melliflui sorrisi). Insomma non avevo nessun desiderio di rivederlo. Ma ormai il vestito era ordinato. E dopo una ventina di giorni era pronto.

Quando me lo portarono, lo provai, per qualche secondo, dinanzi allo specchio. Era un capolavoro. Ma, non so bene perché, forse per il ricordo dello sgradevole vecchietto, non avevo alcuna voglia di indossarlo. E passarono settimane prima che mi decidessi.

Quel giorno me lo ricorderò per sempre. Era un martedí di aprile e pioveva. Quando ebbi infilato l'abito – giacca, calzoni e panciotto – constatai piacevolmente che non mi tirava o stringeva da nessuna parte, come accade quasi sempre con i vestiti nuovi. Eppure mi fasciava alla perfezione.

Di regola nella tasca destra della giacca io non metto niente, le carte le tengo nella tasca sinistra. Questo spiega perché solo dopo un paio d'ore, in ufficio, infilando casualmente la mano nella tasca

und wie bei vielen anderen Schneidern war die Werkstatt zugleich Alfonso Corticellas Wohnung. Er öffnete mir selbst. Ein altes Männlein mit schwarzen Haaren, gewiss gefärbt.

Zu meiner Überraschung war alles völlig unkompliziert. Ja, er schien sogar darauf erpicht, mich als Kunden zu gewinnen. Ich erklärte ihm, woher ich seine Adresse hätte, lobte den Schnitt und bat ihn, mir einen Anzug zu machen. Wir wählten graues Kammgarn, dann nahm er Maß und erbot sich, zum Anprobieren zu mir nach Hause zu kommen. Ich erkundigte mich nach dem Preis. Das hätte keine Eile, erwiderte er, darüber würden wir uns schon einig werden. Ein sympathischer Mann, dachte ich zuerst. Erst später, auf dem Nachhauseweg, verspürte ich ein gewisses Unbehagen gegenüber dem Alten (vielleicht wegen seines allzu aufdringlichen honigsüßen Lächelns). Aber der Anzug war nun einmal in Auftrag gegeben. Drei Wochen später war er fertig.

Als er mir gebracht wurde, probierte ich ihn ein paar Sekunden vor dem Spiegel an. Ein Meisterwerk. Aber ohne genau zu wissen, warum – vielleicht aufgrund der unangenehmen Erinnerung an den Alten –, hatte ich keine Lust, ihn anzuziehen. Es vergingen Wochen, ehe ich mich dazu entschließen konnte.

Den Tag werde ich mein ganzes Leben nicht vergessen. Es war ein Dienstag im April, und es regnete. Als ich den Anzug angezogen hatte – Jacke, Hose und Weste –, stellte ich zufrieden fest, dass er nirgendwo spannte oder kniff, wie es bei einem neuen Kleidungsstück fast immer der Fall ist. Er passte mir wie angegossen.

Normalerweise stecke ich nie etwas in die rechte Jackentasche, Zettel tue ich immer in die linke. Das erklärt, weshalb ich erst nach ein paar Stunden, im Büro, als ich zufällig in die rechte Jackentasche fasste, merkte, dass ein Stück

destra, mi accorsi che c'era dentro una carta. Forse il conto del sarto?

No. Era un biglietto da diecimila lire.

Restai interdetto. Io, certo, non ce l'avevo messo. D'altra parte era assurdo pensare a uno scherzo del sarto Corticella. Tanto meno a un regalo della mia donna di servizio, la sola persona che, dopo il sarto, aveva avuto occasione di avvicinarsi al vestito. O che fosse un biglietto falso? Lo guardai controluce, lo confrontai con altri. Più buono di cosí non poteva essere.

Unica spiegazione possibile, una distrazione del Corticella. Magari era venuto un cliente a versargli un acconto, il sarto in quel momento non aveva con sé il portafogli e, tanto per non lasciare il biglietto in giro, l'aveva infilato nella mia giacca, appesa ad un manichino. Casi simili possono capitare.

Schiacciai il campanello per chiamare la segretaria. Avrei scritto una lettera al Corticella restituendogli i soldi non miei. Senonché, e non ne saprei dire il motivo, infilai di nuovo la mano nella tasca.

«Che cos'ha dottore? si sente male?» mi chiese la segretaria entrata in quel momento. Dovevo essere diventato pallido come la morte. Nella tasca, le dita avevano incontrato i lembi di un altro cartiglio; il quale pochi istanti prima non c'era.

«No, no, niente», dissi. «Un lieve capogiro. Da qualche tempo mi capita. Forse sono un po' stanco. Vada pure, signorina, c'era da dettare una lettera, ma lo faremo più tardi.»

Solo dopo che la segretaria fu andata, osai estrarre il foglio dalla tasca. Era un altro biglietto da

Papier darin steckte. Vielleicht die Rechnung des Schneiders?

Nein. Es war ein Zehntausend-Lire-Schein.

Ich war sprachlos. Ich selbst hatte ihn ganz bestimmt nicht dort hineingetan. Andererseits war es abwegig, es für einen Scherz des Schneiders Corticella zu halten. Und noch weniger für ein Geschenk meiner Aufwartefrau, der einzigen Person, die außer dem Schneider Zugriff zu dem Anzug gehabt hatte. Oder war es Falschgeld? Ich hielt den Geldschein gegen das Licht und verglich ihn mit anderen. Es war nichts an ihm auszusetzen.

Die einzig mögliche Erklärung war ein Versehen Corticellas. Vielleicht war eben ein anderer Kunde gekommen, um eine Anzahlung zu machen, und der Schneider hatte den Geldschein in die Tasche meiner Jacke gesteckt, die auf der Schneiderpuppe hing, weil die eigene Geldbörse gerade nicht griffbereit war und er den Schein nicht herumliegen lassen wollte. So etwas kann passieren.

Ich drückte die Klingel, um die Sekretärin zu rufen. Ich würde Corticella einen Brief schreiben und ihm das Geld zurückgeben, das mir nicht gehörte. Doch ohne dass ich sagen könnte, warum, steckte ich die Hand erneut in die Tasche.

«Was haben Sie, Herr Doktor? Geht es Ihnen nicht gut?» fragte die Sekretärin, die in diesem Augenblick eintrat. Ich war offenbar leichenblass geworden. Meine Finger hatten in der Tasche ein weiteren Stück Papier ertastet, das vor wenigen Augenblicken noch nicht da war.

«Nein, es ist nichts», sagte ich. «Ein leichter Schwindel, der mich in letzter Zeit manchmal befällt. Ich bin wohl ein bisschen müde. Gehen Sie nur, Fräulein, ich habe einen Brief zu diktieren, aber das hat Zeit bis später.»

Erst als die Sekretärin fort war, wagte ich den Zettel aus der Tasche zu nehmen. Es war ein weiterer Zehntausend-

diecimila lire. Allora provai una terza volta. E una terza banconota uscí.

Il cuore mi prese a galoppare. Ebbi la sensazione di trovarmi coinvolto, per ragioni misteriose, nel giro di una favola come quelle che si raccontano ai bambini e che nessuno crede vere.

Col pretesto di non sentirmi bene, lasciai l'ufficio e rincasai. Avevo bisogno di restare solo. Per fortuna, la donna che faceva i servizi se n'era già andata. Chiusi le porte, abbassai le persiane. Cominciai a estrarre le banconote una dopo l'altra con la massima celerità, dalla tasca che pareva inesauribile.

Lavorai in una spasmodica tensione di nervi, con la paura che il miracolo cessasse da un momento all'altro. Avrei voluto continuare per tutta la sera e la notte, fino ad accumulare miliardi. Ma a un certo punto le forze mi vennero meno.

Dinanzi a me stava un mucchio impressionante di banconote. L'importante adesso era di nasconderle, che nessuno ne avesse sentore. Vuotai un vecchio baule pieno di tappeti e sul fondo, ordinati in tanti mucchietti, deposi i soldi, che via via andavo contando. Erano cinquantotto milioni abbondanti.

Mi risvegliò al mattino dopo la donna, stupita di trovarmi sul letto ancora tutto vestito. Cercai di ridere, spiegando che la sera prima avevo bevuto un po' troppo e che il sonno mi aveva colto all'improvviso.

Una nuova ansia: la donna mi invitava a togliermi il vestito per dargli almeno una spazzolata.

Risposi che dovevo uscire subito e che non avevo tempo di cambiarmi. Poi mi affrettai in un magazzino di abiti fatti per comprare un altro vestito, di stoffa simile; avrei lasciato questo alle cure della

Lire-Schein. Ich versuchte es ein drittes Mal. Und eine dritte Banknote kam zutage.

Mein Herz fing an zu jagen. Ich hatte das Gefühl, ich sei auf geheimnisvolle Weise mitten in ein Märchen geraten, wie man es zwar Kindern erzählt, aber nicht für wahr hält.

Mit der Ausrede, mir sei übel, verließ ich das Büro und begab mich nach Hause. Ich musste allein sein. Zum Glück war die Aufwartefrau nicht mehr da. Ich schloss die Türen und ließ die Rollläden herunter. Dann fing ich an, mit rasender Geschwindigkeit einen Geldschein nach dem anderen aus der Tasche zu ziehen. Sie schien unerschöpflich.

Ich tat dies unter qualvoller Nervenanspannung und mit der Angst, das Wunder könne von einem Augenblick auf den anderen aufhören. Ich hätte am liebsten den ganzen Abend und die ganze Nacht weitergemacht, um Milliarden anzuhäufen. Aber irgendwann verließen mich die Kräfte.

Vor mir lag ein beeindruckender Haufen Geldscheine. Das Wichtigste war, sie zu verstecken, damit niemand davon erfuhr. Ich leerte einen alten Koffer mit Decken und schichtete das Geld hinein, nachdem ich es zu kleinen Stapeln geordnet hatte. Es waren sage und schreibe achtundfünfzig Millionen.

Als ich am Morgen aufwachte, war die Aufwartefrau schon da; sie war erstaunt, mich vollständig angekleidet im Bett liegen zu sehen. Ich versuchte zu lachen und sagte, ich hätte am Abend zuvor etwas zu viel getrunken und sei plötzlich eingeschlafen.

Eine neue Sorge: Die Frau forderte mich auf, den Anzug auszuziehen, damit sie ihn wenigstens ausbürsten könnte.

Ich erwiderte, ich müsse sofort aufbrechen und hätte keine Zeit mehr, mich umzuziehen. Dann eilte ich in ein Konfektionsgeschäft und kaufte mir einen Anzug aus einem ähnlichen Stoff; den würde ich der Aufwartefrau

cameriera; il «mio», quello che avrebbe fatto di me, nel giro di pochi giorni, uno degli uomini più potenti del mondo, l'avrei nascosto in un posto sicuro.

Non capivo se vivevo in un sogno, se ero felice o se invece stavo soffocando sotto il peso di una fatalità troppo grande. Per la strada, attraverso l'impermeabile, palpavo continuamente in corrispondenza della magica tasca. Ogni volta respiravo di sollievo. Sotto la stoffa rispondeva il confortante scricchiolio della carta moneta.

Ma una singolare coincidenza raffreddò il mio gioioso delirio. Sui giornali del mattino campeggiava la notizia di una rapina avvenuta il giorno prima. Il camioncino blindato di una banca che, dopo aver fatto il giro delle succursali, stava portando alla sede centrale i versamenti della giornata, era stato assalito e svaligiato in viale Palmanova da quattro banditi. All'accorrere della gente, uno dei gangster, per farsi largo, si era messo a sparare. E un passante era rimasto ucciso. Ma soprattutto mi colpí l'ammontare del bottino: estattamente cinquantotto milioni (come i miei).

Poteva esistere un rapporto fra la mia improvvisa ricchezza e il colpo brigantesco avvenuto quasi contemporaneamente? Sembrava insensato pensarlo. E io non sono superstizioso. Tuttavia il fatto mi lasciò molto perplesso.

Più si ottiene e più si desidera. Ero già ricco, tenuto conto delle mie modeste abitudini. Ma urgeva il miraggio di una vita di lussi sfrenati. E la sera stessa mi rimisi al lavoro. Ora procedevo con più calma e con minore strazio dei nervi. Altri

überlassen; «meinen» Anzug, denjenigen, der binnen weniger Tage einen der vermögendsten Männer der Welt aus mir machen würde, wollte ich an einem sicheren Ort verstecken.

Ich vermochte nicht zu sagen, ob ich mich in einem Traum befand, ob ich glücklich war oder vom Gewicht eines allzu großen Unglücks erdrückt wurde. Unterwegs tastete ich unter dem Regenmantel immer wieder nach der magischen Jackentasche. Und jedesmal atmete ich erleichtert auf. Unter dem Stoff spürte ich das tröstliche Knistern des Geldscheins.

Ein seltsamer Zufall allerdings dämpfte mein freudiges Delirium. In den Morgenzeitungen stand die Nachricht von einem Raubüberfall am Tag zuvor. Der gepanzerte Geldtransporter einer Bank hatte die Tageseinnahmen aller Filialen eingesammelt und war auf dem Weg zur Zentrale auf dem Viale Palmanova von vier Banditen überfallen und ausgeraubt worden. Als Menschen zusammenliefen, hatte einer der Gangster geschossen, um sich freie Bahn zu schaffen. Dabei war ein Passant getötet worden. Was mich am meisten irritierte, war der Betrag der Beute: exakt achtundfünfzig Millionen (genau so viel wie ich hatte).

Konnte es tatsächlich einen Zusammenhang zwischen meinem plötzlichen Reichtum und dem Raubüberfall geben, der beinahe zur gleichen Zeit stattgefunden hatte? Es erschien unsinnig, das anzunehmen. Ich bin nicht abergläubisch. Aber dieser Zufall gab mir zu denken.

Je mehr man hat, desto mehr möchte man haben. Ich war bereits reich, zumindest in Anbetracht meiner bescheidenen Lebensgewohnheiten. Aber mich lockte die Vorstellung eines Lebens in zügellosem Luxus. Und noch am selben Abend machte ich mich erneut ans Werk. Jetzt ging ich mit größerer Ruhe vor und meine Nerven waren nicht

centotrentacinque milioni si aggiunsero al tesoro precedente.

Quella notte non riuscii a chiudere occhio. Era il presentimento di un pericolo? O la tormentata coscienza di chi ottiene senza meriti una favolosa fortuna? O una specie di confuso rimorso? Alle prime luci balzai dal letto, mi vestii e corsi fuori in cerca di un giornale.

Come lessi, mi mancò il respiro. Un incendio terribile, scaturito da un deposito di nafta, aveva semidistrutto uno stabile nella centralissima via San Cloro. Fra l'altro erano state divorate dalle fiamme le casseforti di un grande istituto immobiliare, che contenevano oltre centotrenta milioni in contanti. Nel rogo, due vigili del fuoco avevano trovato la morte.

Devo ora forse elencare uno per uno i miei delitti? Sí, perché ormai sapevo che i soldi che la giacca mi procurava, venivano dal crimine, dal sangue, dalla disperazione, dalla morte, venivano dall'inferno. Ma c'era pure dentro di me l'insidia della ragione la quale, irridendo, rifiutava di ammettere una mia qualsiasi responsabilità. E allora la tentazione riprendeva, allora la mano – era cosí facile! – si infilava nella tasca e le dita, con rapidissima voluttà, stringevano i lembi del sempre nuovo biglietto. I soldi, i divini soldi!

Senza lasciare il vecchio appartamento (per non dare nell'occhio), mi ero in poco tempo comprato una grande villa, possedevo una preziosa collezione di quadri, giravo in automobili di lusso, e, lasciata la mia ditta per «motivi di salute», viaggiavo su e giù per il mondo in compagnia di donne meravigliose.

Sapevo che, ogniqualvolta riscuotevo denari

mehr zum Zerreißen gespannt. Zu dem bisher angehäuften Geld kamen weitere hundertfünfunddreißig Millionen.

In dieser Nacht tat ich kein Auge zu. War es die Vorahnung einer Gefahr? Oder das qualvolle Bewusstsein, dass ich unverdientermaßen zu märchenhaftem Reichtum gekommen war? Oder war es so etwas wie schlechtes Gewissen? Sobald es hell wurde, sprang ich aus dem Bett, kleidete mich an und lief hinaus, um eine Zeitung zu kaufen.

Als ich zu lesen anfing, stockte mir der Atem. Ein verheerender Brand in einem Rohöldepot hatte in der zentral gelegenen Via San Cloro ein Gebäude fast zerstört. Unter anderem waren die Tresore eines großen Immobilienunternehmens, in denen mehr als hundertdreißig Millionen in bar lagerten, dem Feuer zum Opfer gefallen. In den Flammen waren zwei Feuerwehrleute ums Leben gekommen.

Muss ich etwa meine Verbrechen nacheinander aufzählen? Jawohl, denn jetzt wusste ich, dass das Geld, das mir die Jacke verschaffte, von Verbrechen, Bluttat, Verzweiflung und Tod stammte – dass es aus der Hölle stammte. Aber in meinem Inneren regte sich auch die trügerische Vernunft, die darüber spottete und sich weigerte, mir irgendeine Verantwortung zuzuschreiben. Und so war die Versuchung wiederum übermächtig. Meine Hand glitt in die Tasche – es war so einfach! – und die Finger ertasteten mit gieriger Hast immer neue Geldscheine. Geld, göttliches Geld!

Ohne die alte Wohnung aufzugeben (ich wollte nicht auffallen), kaufte ich mir bald eine große Villa, legte mir eine wertvolle Gemäldesammlung zu, fuhr Luxusautos, und nachdem ich «aus gesundheitlichen Gründen» in meiner Firma gekündigt hatte, reiste ich in Begleitung schöner Frauen durch die Welt.

Ich wusste, wann immer ich mir aus der Jacke Geld holte,

dalla giacca, avveniva nel mondo qualcosa di turpe e doloroso. Ma era pur sempre una consapevolezza vaga, non sostenuta da logiche prove. Intanto, a ogni mia nuova riscossione, la coscienza mia si degradava, diventando sempre più vile. E il sarto? Gli telefonai per chiedere il conto, ma nessuno rispondeva. In via Ferrara, dove andai a cercarlo, mi dissero che era emigrato all'estero, non sapevano dove. Tutto dunque congiurava a dimostrarmi che, senza saperlo, lo avevo stretto un patto col demonio.

Finché, nello stabile dove da molti anni abitavo, una mattina trovarono una pensionata sessantenne asfissiata dal gas; si era uccisa per aver smarrito le trentamila lire mensili riscosse il giorno prima (e finite in mano mia).

Basta, basta! per non sprofondare fino al fondo dell'abisso, dovevo sbarazzarmi della giacca. Non già cedendola ad altri, perché l'obbrobrio sarebbe continuato (chi mai avrebbe potuto resistere a tanta lusinga?) Era indispensabile distruggerla.

In macchina raggiunsi una recondita valle delle Alpi. Lasciai l'auto su uno spiazzo erboso e mi incamminai su per un bosco. Non c'era anima viva. Oltrepassato il bosco, raggiunsi le pietraie della morena. Qui, fra due giganteschi macigni, dal sacco da montagna trassi la giacca infame, la cosparsi di petrolio e diedi fuoco. In pochi minuti non rimase che la cenere.

Ma all'ultimo guizzo delle fiamme, dietro di me – pareva a due tre metri di distanza – risuonò una voce umana: «Troppo tardi, troppo tardi!» Terrorizzato, mi volsi con un guizzo da serpente. Ma non si vedeva nessuno. Esplorai intorno, saltando da un

geschah irgendwo auf der Welt etwas Schändliches und Fürchterliches. Aber es war nur ein vages Bewusstsein, das nicht durch schlüssige Beweise untermauert war. Bei jeder neuen Geldbeschaffung jedoch stumpfte mein Gewissen weiter ab und wuchs die Niedertracht. Und der Schneider? Ich rief ihn an, um nach der Rechnung zu fragen, aber niemand hob ab. In der Via Ferrara, wohin ich mich begab, sagte man mir, er sei ausgewandert, aber niemand wusste, wohin. Alles deutete darauf hin, dass ich, ohne es zu wissen, einen Pakt mit dem Teufel geschlossen hatte.

Bis man eines Tages in dem Haus, in dem ich viele Jahre gewohnt hatte, eine sechzigjährige Rentnerin fand, die an Gas erstickt war; sie hatte sich umgebracht, weil sie die dreißigtausend Lire ihrer Monatsrente, am Vortag abgehoben, verloren hatte. Sie waren in meinen Händen gelandet.

Genug, genug! Ich wollte nicht ganz und gar in den Abgrund stürzen, ich musste die Jacke loswerden. Nicht, indem ich sie einem anderen überließ, denn sonst hätten die Abscheulichkeiten nie ein Ende genommen (wer hätte der Verlockung widerstehen können?). Ich musste sie vernichten.

So fuhr ich zu einem entlegenen Tal in den Alpen. Ich ließ den Wagen auf einer grasbewachsenen Lichtung stehen und stieg durch ein Waldstück hinauf. Nirgends eine Menschenseele. Als der Wald aufhörte, kletterte ich weiter hinauf zum Geröll der Moränen. Hier, zwischen zwei riesigen Felsblöcken, holte ich die verruchte Jacke aus meinem Rucksack, übergoss sie mit Benzin und zündete sie an. Nach wenigen Minuten war nur noch ein Häufchen Asche übrig.

Aber beim letzten Aufflackern der Flammen hörte ich hinter mir, anscheinend nur zwei, drei Meter entfernt, eine menschliche Stimme: «Zu spät, zu spät!» Erschrocken schnellte ich herum. Niemand war zu sehen. Ich suchte überall, sprang von einem Felsblock zum anderen, um

pietrone all'altro, per scovare il maledetto. Niente. Non c'erano che pietre.

Nonostante lo spavento provato, ridiscesi al fondo valle con un senso di sollievo. Libero, finalmente. E ricco, per fortuna.

Ma sullo spiazzo erboso, la mia macchina non c'era più. E, ritornato che fui in città, la mia sontuosa villa era sparita; al suo posto, un prato incolto con dei pali che reggevano l'avviso «Terreno comunale da vendere». E i depositi in banca, non mi spiegai come, completamente esauriti. E scomparsi, nelle mie numerose cassette di sicurezza, i grossi pacchi di azioni. E polvere, nient'altro che polvere, nel vecchio baule.

Adesso ho ripreso stentatamente a lavorare, me la cavo a mala pena, e, quello che è più strano, nessuno sembra meravigliarsi della mia improvvisa rovina.

E so che non è ancora finita. So che un giorno suonerà il campanello della porta, io andrò ad aprire e mi troverò di fronte, col suo abbietto soriso, a chiedere l'ultima resa dei conti, il sarto della malora.

den Vermaledeiten zu finden. Nichts. Weit und breit nur Steine.

Ich hatte zwar einen tüchtigen Schreck bekommen, stieg aber mit einem Gefühl der Erleichterung hinunter. Endlich frei. Und reich, zum Glück.

Aber auf der grasbewachsenen Lichtung stand mein Auto nicht mehr. Und als ich in der Stadt ankam, war auch meine prächtige Villa verschwunden; da, wo sie gestanden hatte, war eine brachliegende Wiese mit einem Schild, das die Aufschrift trug: «Gemeindeland zu verkaufen». Unerklärlicherweise waren auch die Bankkonten leer. Verschwunden die dicken Aktienpakete, die ich in zahlreichen Sicherheitsfächern aufbewahrt hatte. Und in dem alten Koffer Staub, nichts als Staub.

Jetzt habe ich, so schwer es mir fiel, wieder angefangen zu arbeiten. Ich komme knapp über die Runden, aber das Merkwürdigste ist: Mein plötzlicher Ruin scheint niemandem aufgefallen zu sein.

Ich bin mir freilich bewusst, dass es noch nicht zu Ende ist. Ich weiß, dass es eines Tages an meiner Tür klingeln wird; ich werde öffnen – und mit seinem niederträchtigen Lächeln wird mir der vermaledeite Schneider gegenüberstehen, um mir die letzte Rechnung zu präsentieren.

Sulla luna

Usciranno dalla gravitazione terrestre, approderanno sulla Luna. Eccoli, in sette nella concavità smisurata del cratere Flegetonte, in quell'eccessivo silenzio, ai piedi di una rovinosa ripa di quattromila metri, stranamente fatta di tenebre nonostante il sole che risplende, immobile. Escono dall'aeronave, provano il moto delle membra, assaporano la leggerezza corporale. Su, all'opera, c'è l'accampamento da montare.

Tutto perfetto, nemmeno i più ottimisti, giù sulla Terra, avevano sperato tanto. Il medico di bordo, Paul Hender, registra le prime osservazioni. Respiro regolare, normale battito cardiaco, scafandri soddisfacentissimi. Il sole batte, immobile. Gli uomini si guardano, si parlano. Sono arrivati sulla Luna. Sono i primi. Il sogno dei millenni realizzato. La gloria. L'immortalità. Uno ride, e il riso nella cavità dello scafandro ha un suono curioso; poi di colpo si arresta.

Che cosa c'è? Qualcosa manca. Ciò che doveva irrompere nei loro cuori e sbigottirli di felicità, non viene. La beatitudine promessa, la grandezza interiore, la sublime elevazione, il Trionfo, la Vittoria dove sono? Niente. Intorno si apre una visione di totale e selvaggia magnificenza. Le fantasie più pazze concepite prima, sono ridicolo scherzo al paragone. Ma l'anima non spazia, non riesce ad assorbire, ad esaltarsi, a tremare. Perché? Questo è contrario alla così sensibile natura umana.

«Tu Jerry, ti senti bene?»

Auf dem Mond

Sie werden das Schwerefeld der Erde verlassen und auf dem Mond landen. Da stehen sie nun zu siebt in der riesigen Kratermulde Flegetonte, in überwältigender Stille am Fuß einer bedrohlich steilen, viertausend Meter tiefen Schlucht, die wie aus Schatten gebaut scheint, trotz der Sonne, die reglos am Himmel steht. Sie verlassen das Raumschiff, versuchen ihre Gliedmaßen zu bewegen und genießen die Schwerelosigkeit. Aber los jetzt, an die Arbeit, das Lager ist aufzuschlagen.

Alles hat tadellos geklappt; selbst die größten Optimisten unten auf der Erde hatten sich nicht so viel erhofft. Der Bordarzt Paul Hender zeichnet die ersten Beobachtungen auf. Normale Atmung, normale Herztätigkeit, die Raumanzüge mehr als zufriedenstellend. Die Sonne strahlt reglos herab. Die Männer sehen sich an und sprechen miteinander. Sie sind auf dem Mond gelandet, als Erste. Ein Jahrtausende alter Traum ist wahr geworden. Das bedeutet Ruhm. Unsterblichkeit. Einer lacht, aber sein Lachen im Innern des Raumanzugs klingt merkwürdig hohl. Plötzlich bricht er ab.

Was ist geschehen? Irgendetwas fehlt. Das erwartete Glücksgefühl, das sie hätte durchströmen sollen, bleibt aus. Die versprochene Seligkeit, das Hochgefühl, das Gefühl der Erhabenheit, der Triumph, der Sieg – wo sind sie? Nichts. Rings um sie herum ein Anblick vollkommener urtümlicher Schönheit. Was die zügelloseste Fantasie sich vorher auszumalen vermochte, ist ein vergleichsweise lächerlicher Scherz. Aber die Seele hat keinen Raum, es gelingt ihr nicht, das Gesehene in sich aufzunehmen, sich zu begeistern, zu erbeben. Warum? Es entspricht so gar nicht der empfindsamen menschlichen Natur.

«Fühlst du dich gut, Jerry?»

«Magnificamente.»
«E…»
«E cosa?»
«Dico, sei felice?»
«Direi! Più di così! Quasi incredibile. Ma perché me lo domandi?»
«Perché io no.»
«Non sei contento?»
«Contento sì, ci mancherebbe altro. Ma non felice.» Silenzio.
Poi l'altro: «Be, per essere sincero, anch'io.»
«Anche tu allora.»
«Sì.»
«C'è qualchecosa… non so… io non capisco.»
«Che sia l'ossigeno? Che la dose sia esagerata? O scarsa?»
«Non so, non so.»
Discorsi di questo genere. Delusione. Svogliatezza. Inappetenza. Per fortuna c'è una quantità di cose da fare, la tabella oraria è legge; un ritardo, un'esitazione potrebbe essere la fine.

Ma ci pensano di notte – o meglio in quelle ore, che sulla Terra sono buie – distesi nelle cuccette degli abitacoli ancorati sulla sabbia. Qui gli uomini possono lasciare gli scafandri, guardarsi in faccia, riudire il suono familiare delle voci. Non mancano gli scherzi, le facezie, ma le risate assomigliano a un dovere, non c'è gusto nè spontaneità.

Perché questa oppressione? Forse per la spaventosa solitudine? Ma con la radio, giornalmente, a turno, ciascuno parla con la sua famiglia. E l'altoparlante riecheggia le manifestazioni di tripudio dalle metropoli del vecchio pianeta. Folle stermi-

«Ausgezeichnet.»

«Und ...»

«Und was?»

«Ich meine, bist du glücklich?»

«Das will ich meinen! Mehr als das! Geradezu unglaublich. Aber warum fragst du?»

«Weil ich es nicht bin.»

«Du bist nicht zufrieden?»

«Zufrieden schon, keine Frage. Aber glücklich nicht.»

Schweigen.

Dann der andere: «Ehrlich gesagt, ich auch nicht.»

«Du also auch nicht.»

«Nein.»

«Da ist was ... ich weiß nicht ... ich versteh's nicht.»

«Ob es am Sauerstoff liegt? Vielleicht ist die Dosis zu hoch? Oder zu niedrig?»

«Ich weiß nicht. Ich weiß nicht.»

Solche Reden führten sie. Enttäuschung. Unlust. Appetitlosigkeit. Zum Glück ist viel zu tun, der Stundenplan ist oberstes Gebot; eine Verzögerung, eine Unschlüssigkeit könnten das Ende bedeuten.

Aber in der Nacht denken sie daran – oder besser in den Stunden, da es auf der Erde dunkel ist; wenn sie ausgestreckt in den Kojen ihrer im Sand verankerten Unterkünfte liegen. Dort können sie sich der Raumanzüge entledigen, einander anschauen und den vertrauten Klang ihrer Stimmen hören. Es fehlt dann nicht an Scherzen und witzigen Bemerkungen. Aber ihr Lachen klingt gezwungen, ist weder tief empfunden noch spontan.

Warum dieser Druck? Vielleicht wegen der schrecklichen Einsamkeit? Aber über Funk kann doch jeder von ihnen regelmäßig mit seiner Familie sprechen. Und der Lautsprecher dröhnt von den jubelnden Kundgebungen, die in den Hauptstädten des alten Planeten stattfinden. Unermess-

nate ripetono i loro nomi, il rombo è tale da dar noia: a trecentoottantamila chilometri di distanza! Ma non serve.

Forse per la mancanza di musica? Mettono su un disco, dieci dischi, le canzoni più care, di struggente forza patetica, gli inni nazionali, le fanfare. Niente. I cuori restano apatici ed inerti.

O manca un po' di calore interno? Benché il medico protesti, da chissà quale nascondiglio, sbuca una bottiglia. Bevono. Tentano di dimenticare. Niente. Ma perché dimenticare? Se lo domandano senza trovar risposta.

Così per giorni e giorni. Una inquietudine crescente. I leggendari eroi sono diventati dei piccoli bisbetici compagni di gita che si punzecchiano a vicenda, si scambiano insolenze e si detestano.

Finché uno di loro, il motorista Hans Stollenberg, ragazzo solitamente taciturno, balza all'improvviso dalla branda: «Sfido, Sfido io!» grida, dandosi delle manate sulla fronte.

«Che ti prende?» chiedono i compagni, fingendo di svegliarsi, perché in realtà nessuno era riuscito a prendere sonno.

«Ragazzi, ho fatto una scoperta. Una scoperta tremenda. Ed è così semplice, così elementare. E nessuno di noi ci aveva pensato.»

«Parla. Cosa sono questi enigmi?»

«Ma sul serio, voi non vi siete accorti di niente?»

Anche gli altri sono saltati fuori dalle brande. Gli sono intorno con le facce tese. C'è anche il comandante: «E la vuoi piantare con queste scene isteriche? Dillo, se è successo qualche guaio.»

Silenzio. Il giovanotto Stollenberg fa scattare il

liche Menschenmassen wiederholen ihre Namen, und der dreihundertachtzigtausend Kilometer entfernte Lärm ist so groß, dass es ihnen fast zu viel wird. Aber es nützt nichts.

Fehlt ihnen vielleicht Musik? Sie legen eine Platte auf, zehn Platten, die schönsten und ergreifendsten Lieder, die Nationalhymnen, die Fanfaren. Es nützt nichts. Ihre Herzen bleiben apathisch und träge.

Oder sollte ein wenig innere Wärme fehlen? Obwohl der Arzt protestiert, taucht, wer weiß aus welchem Versteck, eine Flasche auf. Sie trinken. Versuchen zu vergessen. Es geht nicht. Aber warum eigentlich vergessen? Das fragen sie sich, ohne eine Antwort zu finden.

So geht es Tag um Tag. Die Unruhe wächst. Die sagenhaften Helden sind zu kleinen streitsüchtigen Weggenossen geworden, die sich gegenseitig mit Nadelstichen und Unfreundlichkeiten traktieren und sich nicht ausstehen können.

Bis einer von ihnen, der Mechaniker Hans Stollenberg, ein sonst schweigsamer junger Kerl, plötzlich von seinem Bett aufspringt, sich an die Stirn schlägt und ausruft: «Ich hab's! Ich hab's!»

«Was ist denn mit dir los?» fragen die Kameraden und tun so, als wären sie gerade erst aufgewacht, obwohl im Grunde keiner so richtig geschlafen hatte.

«Leute, ich habe eine Entdeckung gemacht, eine ungeheuerliche Entdeckung. Dabei ist alles so einfach, so klar. Und keiner von uns ist bisher draufgekommen.»

«Nun rede schon; was soll die Geheimnistuerei?»

«Im Ernst, habt ihr wirklich nichts bemerkt?»

Jetzt sind auch die anderen von ihren Betten aufgestanden. Sie umringen ihn mit gespannten Mienen. Auch der Kommandant ist hinzugetreten: «Hör auf mit diesem albernen Theater. Sag, was los ist.»

Schweigen. Der junge Stollenberg öffnet die Verschluss-

coperchio di un oblò. Il sole irrompe con un raggio tondo, di esasperante splendore.

« Là fuori guardate », fa segno Stollenberg.

I compagni guardano. Ma nulla si muove nel deserto di sabbia, nelle irte giogaie che lo chiudono. Tutto è pietrificato nella morte.

« Non vedo niente, io », fa il comandante.

« Ma non sentite che tutto è vuoto qui? »

« Come sarebbe a dire? »

« Vuoto, sì. Al primo momento queste montagne, questi crateri, questi deserti levano il fiato da tanto sembran belli. Poi subito diventan repellenti. Ma non le ricordate le nostre montagne sulla Terra, così misteriose? Anche lì niente si muove, eppure è un' altra cosa, si ha la sensazione, come dire? che ci siano dentro degli spiriti nascosti, da un momento all'altro si aspetta che debba succedere qualcosa. Ma qui! Le chiamate montagne? Sono sepolcri, cadaveri. È come una maledizione. E anche in questa baracca, in questa specie di stanza! Ma non vi siete resi conto che...? »

China la testa. Si copre la faccia con le mani. A bassa voce: « Semplicemente questo, amici. Che qui sulla Luna, non c'è Dio. »

« Non c'è Dio? »

« Dio, non c'è. E noi invece... noi ci eravamo abituati, là sulla Terra: anche quelli che non credono. Per questo adesso noi... »

« Non dire idiozie », fa, punto sul vivo, il reverendo Ferguson, espressamente incaricato dal governo di un sopraluogo di carattere teologico.

Ma gli altri cinque tacciono. La verità, rivelato dallo Stollenberg, è apparsa lampante ai loro cuori.

« Tu bestemmi », insiste il reverendo Ferguson,

klappe eines Bullauges. Der runde, gleißende Strahl der Sonne dringt herein.

«Schaut da hinaus», bedeutet ihnen Stollenberg.

Die Kameraden tun es. Aber nichts regt sich in der Sandwüste, an den spitzen Bergketten, die diese Wüste umschließen. Alles ist in tödlicher Versteinerung erstarrt.

«Ich sehe nichts», sagt der Kommandant.

«Aber fühlt ihr denn nicht die Leere?»

«Wie meinst du das?»

«Ja, die Leere. Diese Berge, diese Krater, diese Wüsten verschlagen einem zunächst den Atem, so schön scheinen sie zu sein. Doch dann auf einmal bekommen sie etwas Abstoßendes. Habt ihr denn unsere geheimnisvollen Berge auf der Erde vergessen? Auch dort bewegt sich nichts, aber es ist doch anders, man hat das Gefühl, wie soll ich sagen, dass Leben in ihnen verborgen ist. Jeden Augenblick erwartet man, dass etwas geschieht. Aber hier! Sind das Berge? Gräber sind es, Leichen. Es ist wie ein Fluch. Und sogar in dieser Baracke, in diesem sogenannten Zimmer, merkt ihr denn nicht, dass ...?»

Er senkt den Kopf und verbirgt sein Gesicht in den Händen. Dann fährt er mit leiser Stimme fort: «Ganz einfach, Freunde: dass hier auf dem Mond Gott nicht ist.»

«Gott nicht ist?»

«Gott ist nicht hier. Während wir ... wir dort unten auf der Erde an ihn gewöhnt waren, auch die, die nicht an ihn glauben. Deswegen kommt es uns jetzt vor ...»

«Red keinen Unsinn», unterbricht ihn Pfarrer Ferguson, der von der Regierung ausdrücklich beauftragt worden ist, eine theologische Ortsbesichtigung vorzunehmen. Er ist tief getroffen.

Die anderen fünf schweigen. Die Wahrheit, die Stollenberg ihnen offenbart hat, leuchtet ihnen ein.

«Du versündigst dich», sagt Pfarrer Ferguson eindring-

ma la voce gli trema. « È folle orgoglio immaginare che Dio esiste solo sulla Terra. »

« Orgoglio luciferesco è il vostro, reverendo. Perché il nostro Dio dovrebbe essere così immenso da popolare tutto l'Universo. Lo meritiamo noi un Dio simile? »

« Taci, Taci, ragazzo. »

« Ma se anche voi, reverendo, sapete che ho ragione! Millenni, millenni di lacrime e di sangue, ci son voluti all'uomo, sulla Terra per guardagnarsi Dio. Milioni di uomini e di donne che lo invocavano, perché venisse. E poi quando Dio era venuto, cattedrali immense per chiuderlo dentro e farlo prigioniero, Chiese, chiese, chiese, il mondo è pieno zappo di chiese, pensate alle spese, ai sacrifici, alle fatiche. E voi vorreste che i primi sette fessi capitati quassù se lo trovassero servito? Ce lo dovremo faticare, Dio, prima di sentircelo di nuovo intorno, noi sette e i mille che verranno dopo di noi, i milioni d'altri che seguiranno. Sarà un lavoraccio, reverendo, una lunga battaglia. Oh se sarà dura, da conquistare questa Luna maledetta! »

Si era fatto pallido, il reverendo Ferguson. E piegò il capo.

« Forse hai ragione tu, figliolo », mormorò. « Temo che sia proprio così come tu dici. Asino io, a non averlo capito prima. » Trasse un lungo sospiro.

Ma subito si riscosse. I suoi occhi fiammeggiarono. « E allora non perdiamo tempo – esclamò congiungendo le mani – Coraggio; inginocchiamoci a pregare. »

lich, aber seine Stimme zittert. «Es ist dummer Stolz, zu meinen, dass Gott nur auf der Erde existiert.»

«Und Ihr Stolz ist des Teufels, Hochwürden. Warum sollte unser Gott so unermesslich groß sein, dass er das ganze Universum bewohnt? Haben wir einen solchen Gott verdient?»

«Schweig, schweig, Junge.»

«Sie wissen ja selbst, dass ich recht habe, Hochwürden! Viele Jahrtausende Tränen und Blut haben die Menschen auf der Erde gebraucht, um sich Gott zu verdienen. Millionen von Männern und Frauen erflehten sein Kommen. Als Gott dann herabgestiegen war, bauten sie mächtige Kathedralen, um ihn dort einzuschließen und festzuhalten. Und Kirchen, Kirchen, die ganze Welt ist voller Kirchen; denken Sie an die Kosten, die Opfer, die Mühen. Und Sie möchten, dass die sieben Verrückten, die hier oben gelandet sind, ihn hier vorfinden. Wir müssen uns Gott erst verdienen, ehe wir ihn von neuem um uns spüren; wir sieben, die Tausenden, die nach uns kommen, und die Millionen, die noch folgen werden. Es wird eine mühsame Arbeit, Hochwürden, ein langer Kampf, bis wir diesen vermaledeiten Mond wirklich erobert haben!»

Der Pfarrer Ferguson war blass geworden und senkte den Kopf.

«Vielleicht hast du recht, mein Sohn», murmelte er. «Ich fürchte wirklich, dass es so ist, wie du sagst. Ich Esel hatte es nur nicht gleich verstanden.» Er seufzte tief.

Aber schon im nächsten Augenblick hatte er sich wieder gefangen. Seine Augen funkelten. «Lasst uns keine Zeit verlieren», rief er und faltete die Hände. «Los! Knien wir nieder und beten!»

Dino Buzzati ist am 16. Oktober 1906 in Belluno (Venetien) geboren und am 28. Januar 1972 in Mailand gestorben. Er war promovierter Jurist, wurde aber Journalist. Von 1928 bis zum Krieg und nach dem Krieg bis zu seinem Tode war er Redakteur beim *Corriere della Sera*. Im Krieg war er Marineoffizier und Kriegsberichterstatter in Nordafrika und auf Sizilien.

Sein erstes Buch, *Barnabo delle Montagne*, kam 1933 heraus. Weltweites Ansehen brachte ihm sein 1940 erschienener Roman *Il deserto dei Tartari* (deutsche Ausgabe: *Die Festung*, 1954).

Den Krieg hat Buzzati als Zäsur erlebt. Er spricht davon in seinem kleinen Werk *In quel preciso momento*. «‹Der bestimmte Augenblick› ist der, in dem wir spüren, dass die Jugend zu Ende ist, dass andere uns überholt haben, dass die Uhr weitergerückt ist, auch wenn wir fanden, sie sollte stillgestanden sein, um uns die Jahre des Grauens und der Vernichtung nicht anzurechnen.»

Buzzati ist keiner literarischen Richtung zuzurechnen. Früher haben Kritiker bei ihm eine Geistesverwandtschaft mit Kafka sehen wollen. Andere fühlten sich an E. T. A. Hoffmann erinnert. Und gewiss verbindet ihn auch einiges mit den Surrealisten. Er war ein Einzelgänger.

Kein Eremit: Die dritte Seite des *Corriere della Sera* war ein Forum, von dem aus er, in Novellen, engagiert zu einem breiten Publikum sprechen konnte. Aus aktuellen oder zeittypischen Ereignissen ebenso wie aus märchenhaften oder mythischen Motiven destillierte er, in realistischer Erzählweise, ihre höhere Bedeutung – er gilt als Meister der «metaphysischen Pointe».

Weitere bedeutende Werke von Buzzati sind: der autobiographische Roman *Amore*, die Comicstrip-Erzählung *Poema a fumetti* und der Bildband *Le storie dipinte* – Buzzati war auch ein beachtlicher Maler, der in seinen letzten Lebensjahren regelmäßig in Mailand ausgestellt hat.

Ein Verzeichnis der Reihe dtv zweisprachig kann angefordert werden beim Deutschen Taschenbuch Verlag, Friedrichstraße 1a, 80801 München